**기독교문서선교회**(Christian Literature Center: 약칭 CLC)는 1941년 영국 콜체스터에서 켄 아담스에 의해 시작되었으며 국제 본부는 미국 필라델피아에 있습니다. 국제 CLC는 59개 나라에서 180개의 본부를 두고, 약 650여 명의 선교사들이 이동도서차량 40대를 이용하여 문서 보급에 힘쓰고 있으며 이메일 주문을 통해 130여 국으로 책을 공급하고 있습니다. 한국 CLC는 청교도적 복음주의 신학과 신앙서적을 출판하는 문서선교기관으로서, 한 영혼이라도 구원되길 소망하면서 주님이 오시는 그날까지 최선을 다할 것입니다.

# 추천사 1

김 선 일 박사
웨스트민스터신학대학원대학교 실천신학 교수

우리가 익히 잘 안다고 생각하는 복음. 더 배울 것이 없다고 종종 착각하는 기독교의 기초인 복음. 종종 그러한 복음에 관해서 더 말하는 것은 식상하고, 이제는 교회가 복음을 말하는 것보다 다른 봉사나 활동을 더 해야 한다는 주장들을 접할 때마다 불편함을 느꼈습니다. 복음과 복음이 맺는 열매를 이원화시키는 태도는 복음에 대한 깊은 이해와 헌신의 필요성을 가리는 결과를 빚을 수 있기 때문입니다.

그리스도인의 모든 실천은 오직 복음의 깊이와 넓이를 생생하게 발견하고 깨닫고 내재화시킴에서 비롯됩니다. 이 책의 저자는 복음을 다시 말하고 있습니다. 복음에 대한 통념적 왜곡과 한계를 통렬하게 지적합니다. 복음에 대한 연구와 글쓰기는 결코 식상할 수 없습니다. 그렇다면 우리는 복음을 잘 모르고 있는 것입니다. 복음은 우리에게 늘 새롭게 다가옵니다.

이 책은 하나님 나라 복음의 그 새로움과 생동감을 담아 내고 있습니다. 복음을 이야기로 풀어 내는 과제는 현재 가장 화급한 일입니다. 이 책은 모든 그리스도인에게 복음의 내러티브를 체계적으로 정립시켜 주는 동시에 믿지 않는 이들에게는 기독교의 진수를 흥미진진하게 전달할 것입니다. 신학적으로 깊은 의미가 함축된 내용을 쉽고 친절하게 제시하는 저자의 필력이 부럽기만 합니다.

# 추천사 2

**김형국 목사**
하나님 나라 복음 DNA 네트워크 대표
나들목교회네트워크 지원센터 대표목사

영어를 가르치는 사람이 실제로 원어민과 한마디도 나눌 수 없는 사람이라면, 그런데 그 사람이 영어의 전문가로 알려져 있다면…. 이것이 오늘날 한국 교회의 모습일지도 모릅니다. 복음을 이야기하고 선포하는 목회자들이 그리고 이에 기초하여 교회를 이끄는 지도자들이, 그래서 누구보다 자신이 전문가라고 생각하는 분들이 복음을 모르는 것은 아니지만, 부분적으로 알고 있다면….

한국 교회 속에서 나타나는 수많은 문제점을 분석하고 쫓아가 보면, 그 마지막에 남는 가장 중요한 문제는 예수님께서 선포하신 복음의 일부만을 전하고 믿고 있다는 데에 있습니다. 그래서 저는 오래전부터 이런 부분적 복음과 대비되는 "하나님 나라 복음"이라는 표현을 써 왔습니다. 사실 이는 저의 발명품이 아니고, 사복음서가 증거하는 예수님께서 사용하신 표현입니다.

강희창 목사님의 고백은 사실 충격적입니다. 자신이 알고 있었던 복음을 향해서 "복음은 그런 게 아닙니다"라고 솔직하게 선언하고 있기 때문입니다. 이는 정직한 고백이면서 동시에 절박한 외침입니다.

저는 강 목사님이 하나님 나라의 복음에 눈을 떴을 뿐 아니라, 이를 기반으로 성경을 다시 연구하고, 그래서 좀 더 온전하게 말씀을 선포하다가, 그 알갱이를 이렇게 책으로 출판하게 된 것에 큰 박수와 응원을 보내고 싶습니다. 제자의 삶을 살기 위해서(제3부)는 하나님 나라 복음을 선명히 이해해야 하고(제2부), 그러기 위해서는 성경이 얼마나 신뢰할 만한 책인지(제1부) 확신이 있어야 합니다.

이 책을 통해서 많은 성도가 우리가 믿는 성경, 그 성경 전체가 증거하는 하나님 나라 그리고 그 하나님 나라를 살아 낼 때 나타나는 제자의 삶을, 진리의 기초 위에서 견고하게 배우고 누리시게 되기를 기대합니다. 그리고 많은 목회자가 부문만을 알면서 전문가인 체하는 사람에 머무르지 말고, 정말 복음의 전문가가 되어서 실제 생활에서 목회자 자신이 변화된 삶을 경험하고 누리며, 이를 가능케 하는 하나님 나라 복음을 말과 삶으로 증거할 수 있게 되길 기도합니다.

이 책은 오래 전에 뿌린 씨가 결국 자라나 열매를 맺는다는 사실을 보여 주는, 제게는 다시 한 번 하나님 나라의 '겨자씨 모략'의 능력을 확인시켜 준 귀한 책입니다.

# 추천사 3

김형준 목사
동안교회 담임목사
국제코스타본부 이사장

  이 책은 복음의 이야기를 하나님 나라의 관점에서 풀어 내고 있습니다. 저자는 복음을 이해하기 위한 토대를 구조적으로 세우고, 점진적인 전개 과정을 통해 결국은 "삶의 현장을 하나님 나라로" 만들어 가는 성도의 삶과 교회의 사명을 잘 설명하고 있습니다.
  그래서 하나님 나라를 더 깊이 이해하고 일상에서 복음을 구현해 내기를 소망하는 분들에게 이 책은 좋은 길잡이가 될 수 있으리라 믿습니다. 저자의 바램처럼, 하나님 나라의 복음을 보는 눈이 열리고, 이 복음 앞에 반응하며, 이 복음을 위해 살아 내는 역사들이 이 책을 통해 일어나기를 소원합니다.

# 추천사 4

노승환 목사
전 토론토 밀알교회 담임목사

'복음'이란 과연 무엇입니까?

기독교인이라면 누구나 잘 알 것 같지만, 막상 "예수 천당, 불신 지옥"이라는 편협한 이해를 하거나 반대로 창조로부터 시작해 끝내지 못할 장황한 설명에 파묻히기 일쑤입니다.

이 책의 가장 큰 매력은 '복음'을 일목요연하게 정리했다는 데에 있습니다. 그 내용이 절대 가볍지 않으나 이야기로 풀어서 술술 읽혀집니다. 목회 현장에서 느끼는 바, '교리' 이해가 약하고 복음을 파편적으로 알고 있는 교인들과 직분자들이 적지 않은데 그들을 위한 필독서로 권합니다. 그들에게 이 책은 "내가 잘못 알고 있었던 복음"을 바르게 깨닫게 하는 계기가 될 것입니다.

이 책은 기독교를 처음 접하는 이들에게 복음을 소개할 수 있는 개론서로도 훌륭합니다. 이들에게는 "내가 알지 못했던 '풍성한' 복음"을 접하는 역사가 있을 것임을 의심치 않습니다.

변하지 않는 진리인 '복음'은 각 시대와 문화에 따라 적절하고 새롭게 들릴 때에 그 생명력이 유지됩니다. 저자가 하나님이 주신 그 사명을 탁월하게 잘 감당해 주어 고마움을 전합니다.

# 추천사 5

노진준 목사
전 LA 한길교회 담임목사
『믿음을 의심하다』 저자

   발전과 성장에 조급해지고, 현상에 마음이 빼앗기면 기본기를 소홀히 여기는 경향이 있습니다. 운동선수들은 슬럼프에 빠지면 기본기로 돌아간다고 합니다. 저자는 현대 교회의 문제가 기본기에 충실하지 못함에 있음을 부드럽지만 예리하게 지적합니다.
   하나님 나라의 복음!
   다 안다고 생각하지만 성장주의에 빠져 변질되고 잊혀진 이 복음의 회복만이 슬럼프에 빠진 교회를 다시 교회 되게 할 수 있다는 저자의 의도에 전적으로 동의하고, 이 시대를 살아가며 교회를 걱정하는 많은 그리스도인에게 일독을 권합니다.

# 추천사 6

신광섭 박사
미국 센트럴신학대학원 교수

이 책은 '부름 받고 보냄 받은' 하나님의 사람들이 거대한 하나님 나라 복음 이야기에 이미 속해 있고, 그 속에서 살아가야 함을 기억나게 해 줍니다. 저자는 하나님 말씀에 뿌리를 둔 하나님 나라 복음의 구체적 내용들이 무엇이며, 그 복음을 삶 속에서 살아 내는 제자들의 삶의 여정은 어떠한 것인지를 잘 보여 주고 있습니다.

복음과 기독교를 그저 개인의 종교, 개인의 성공을 위한 좋은 소식으로 오해하고 있는 이들이 적지 않은 현실 속에서, 이 책은 하나님 나라의 큰 그림을 볼 수 있게 해 주는 좋은 안내자가 되리라 믿습니다.

따라서 이 책은 하나님 나라 복음이 무엇인지를 진지하게 탐구하고 살아 내기를 원하는 개개인들과 교회 안의 크고 작은 소그룹 공동체에게 적절한 도움을 줄 수 있을 것으로 확신합니다. 저자의 귀한 섬김을 통해 하나님 나라의 다양한 사역 현장 속에서 싱그러운 열매들이 아름답게 맺혀지기를 소망합니다.

# 추천사 7

**이 찬 수 목사**
분당우리교회 담임목사

　교회는 본질적으로 선교적입니다. 모든 지역 교회는 '선교사와 같은 교회'가 되어야 하고, 모든 성도는 '선교사와 같은 삶'을 살아야 합니다. 그러나 각 지역 교회와 성도가 선교사의 사명을 감당하는 일은 저절로 되지 않습니다. 선교적 교회로 나아가기 위해 가장 중요한 것은 바로 하나님 나라 복음에 기초한 '제자 훈련'입니다.
　저자는 막연히 알고 있던 '기독교 세계관'과 '하나님 나라 복음'을 하나의 이야기로 녹여 내서 들려주고 있습니다. 이 책을 읽다 보면, 하나님의 큰 이야기에 참여하라고 부름 받은 교회와 성도들의 사명과 정체성을 자연스레 발견할 수 있습니다. 하나님 나라의 복음으로 준비되고 세워지기 원하는 모든 교회와 성도에게 이 책을 추천합니다.

# 추천사 8

**홍석표 목사**
요한동경교회 담임목사

강희창 목사님에 대한 첫 기억은 미국 어느 한인 교회 청년부에 설교하러 갔을 때, OHP에 찬양 가사 필름을 올리며 무릎을 꿇고 찬양하며 기도하던 청년의 모습입니다. 맑은 표정으로 찬양하고 기도하며 섬기는 모습이 저에게는 깊게 남았습니다. 그런데 그 이후에도 가끔씩 만날 때마다 늘 그런 맑은 표정과 선한 눈빛 그리고 다른 사람을 향한 겸손과 존중을 볼 수 있었습니다.

강희창 목사님이 그동안 고민하고 공부하며 경험했던 내용들을 본인의 성품과 함께 잘 녹여 낸 귀한 이야기입니다. 몇 페이지 속에 위축되어 있던 복음이 살아 숨쉴 수 있는 충분한 공간을 만들어 주는 느낌입니다. 복음에 대해서 올바르게 이해할 수 있도록, 차분하게 설명해 가며 읽는 사람을 향한 겸손과 존중이 담겨 있기 때문에 거부감 없이 잘 읽을 수 있습니다.

저자의 성품이 묻어나는 이 책을 통해 개인과 교회가 복음을 더 명확하게 알게 되고, 삶의 변화를 경험할 수 있기를 바랍니다. 그로 인해 하나님께서 기뻐하시는 즐거움에 동참하게 되는 하나님 나라 백성들이 되기를 바랍니다.

# 복음은 그런 게 아닙니다
- 이야기로 풀어낸 하나님 나라 복음 -

The Gospel Is Bigger Than You Think
Written by Heechang Moses Kang
All rights reserved.
Korean Edition Copyright ⓒ 2021 by Christian Literature Center, Seoul, Korea.

## 복음은 그런 게 아닙니다
### 이야기로 풀어낸 하나님 나라 복음

2021년 12월 30일 초판 발행

| | |
|---|---|
| 지은이 | 강희창 |
| 편 집 | 김효동 |
| 디자인 | 이지언, 서민정 |
| 펴낸곳 | (사)기독교문서선교회 |
| 등 록 | 제16-25호(1980.1.18.) |
| 주 소 | 서울특별시 서초구 방배로 68 |
| 전 화 | 02-586-8761~3(본사) 031-942-8761(영업부) |
| 팩 스 | 02-523-0131(본사) 031-942-8763(영업부) |
| 이메일 | clckor@gmail.com |
| 홈페이지 | www.clcbook.com |
| 송금계좌 | 기업은행 073-000308-04-020 (사)기독교문서선교회 |
| 일련번호 | 2021-123 |

ISBN 978-89-341-2376-7(03230)

신저작권법에 의하여 한국 내에서 보호를 받는 저작물이므로 무단 전재와 무단 복제를 금합니다.

이야기로 풀어낸 하나님 나라 복음

# 복음은 그런게 아닙니다

— 강희창 지음 —

## The Gospel Is Bigger Than You Think

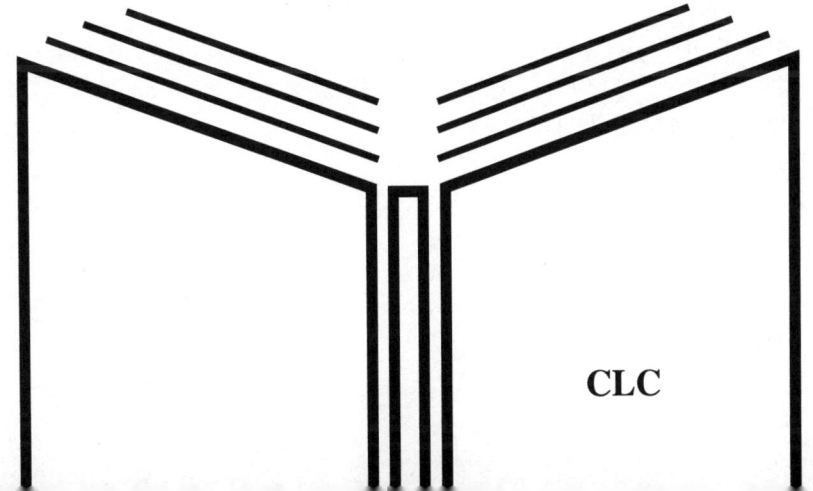

CLC

# 차례

추천사 1 **김선일 박사** 웨스트민스터신학대학원대학교 실천신학 교수   1
추천사 2 **김형국 목사** 하나님 나라 복음 DNA 네트워크 대표   2
추천사 3 **김형준 목사** 동안교회 담임목사   4
추천사 4 **노승환 목사** 전 토론토 밀알교회 담임목사   5
추천사 5 **노진준 목사** 전 LA 한길교회 담임목사   6
추천사 6 **신광섭 박사** 미국 센트럴신학대학원 교수   7
추천사 7 **이찬수 목사** 분당우리교회 담임목사   8
추천사 8 **홍석표 목사** 요한동경교회 담임목사   9

**프롤로그**: 복음, 이미 다 알고 있는 이야기?   16

## 제1장 복음의 근거: 성경   20
  1. 성경은 정말 인간의 저작물일까?   20
  2. 성경은 정말 객관적 신뢰성을 가진 책일까?   30
  3. 성경은 정말 과학과 충돌할까?   36
  4. 나가는 말   46

## 제2장 복음의 내용: 하나님 나라   48
  1. 도입: 하나님 나라 복음이란?   48
  2. 발단: 창조와 하나님 나라   64
  3. 전개: 타락과 하나님 나라   77
  4. 위기: 구속과 하나님 나라   91
  5. 절정 I: 부활과 하나님 나라   109
  6. 절정 II: 승천과 하나님 나라   133
  7. 대단원: 재림과 하나님 나라   148
  8. 나가는 말   157
  \* 한 번 더 생각합시다   161

## 제3장 복음의 열매: 제자도   166
  1. 십자가   166
  2. 칭의   182
  3. 성화   194
  4. 사명   208

**에필로그**: 내가 알지 못했던 복음   220

"창조-타락-구속-회복"의 기독교 세계관과

"하나님 나라의 복음"을 하나의 거대한 이야기로 읽어 내다.

"발단-전개-위기-절정-대단원"의 구조로 읽는

"하나님 나라의 복음"

# 프롤로그:

# 복음, 이미 다 알고 있는 이야기?

강 희 창 목사

라이프크릭교회 교육목사

저는 이 세상에 태어나기 이전부터 어머니 태 속에서부터 교회를 다닌 소위 '모태 신앙'의 사람입니다. 어떤 이들은 '모태 신앙'들을 "못된 신앙" 혹은 "못해요 신앙"이라고 부르기도 합니다. 꼭 모태 신앙인이 아니어도 교회에 좀 다녔다 하는 분들은 '나는 복음에 대해 잘 알고 있어!'라고 생각하실 겁니다.

사실 저도 그랬습니다. 어릴 때부터 주일 학교에 열심히 참석했고, 수련회에도 빠짐없이 다 참석했으며, 대학에서는 예배와 선교를 강조하는 선교 단체에서 누구 못지 않게 열심히 활동했습니다. 미국으로 유학을 와서 박사 과정을 시작하기 전까지 저는 두 개의 신학 석사 과정을 마쳤습니다.

이렇게 오랫동안 기독교에 익숙해져서 살다 보니 '복음'이란 주제는 '너무나 뻔하고 당연한' 가장 기초적인 주제 중 하나에 불과하다고 생각했습니다. 복음을 강조하는 설교를 하려고 노력했지만, 정작 복음이 무엇인지에 연구하고자 하는 노력은 그다지 많이 하지 않았습니다. 그도 그럴 것이, 결국 "예수 천당 불신 지옥"으로 요약되는 것이 "복음"이라고 생각했기 때문입니다.

그런데 복음에 관한 전혀 새로운 관점과 이해를 갖게 되는 계기가 있었습니다. 저는 2010년 "선교적 교회 운동"을 연구하기 위해 트리니티신학교(시카고)의 선교학 박사 과정에 입학했습니다.

입학 후 2년이 흐른 어느 날 나들목교회를 섬기시던 김형국 목사님께서 "하나님 나라 복음(줄여서 하나복)"에 관한 세미나를 진행하셨습니다. 그 당시 "선교적 교회"에 관한 이론들을 배우고 있었기 때문에 저는 "하나님 나라"에 대해 어느 정도는 알고 있었습니다.

그런데 김형국 목사님께서는 단순히 "하나님 나라"라고 하지 않으시고, 예수님께서 선포하신 "하나님 나라의 복음"이라는 말씀으로 강의를 진행하셨습니다. 뭔가 알 듯하면서도 제가 이전에는 생각해 보지 못했던 프레임이었습니다.

"하나님 나라의 복음?
이 복음은 뭘까?
단순히 '예수 믿고 천당 갑시다' 하는 메시지는 분명 아닌데."

이때부터 저는 창세기에서 요한계시록에 이르는 "복음의 큰 그림", "하나님 나라에 관한 복음"에 대해 알아 가기 시작했습니다. 성경 전체를 관통하는 "하나님 나라 복음 DNA"를 이해하게 되자, 제가 하는 모든 설교와 사역은 "하나님 나라 복음"이라는 큰 신학적 틀 안에서 녹아지고 형성되기 시작했습니다. 이전에는 좀 더 "복음적인" 설교자로 보이기 위해 십자가 보혈과 같은 단어들을 억지로 설교 원고에 집어넣으려고 했었습니다. 그러나 더 이상 그런 노력이 필요하지 않게 되었습니다. 왜냐하면, 성경 본문 자체가 바로 "하나님 나라의 복음"을 말씀하고 있기 때문입니다.

이렇게 "하나님 나라 복음 DNA"에 기초한 사역을 하다 보니, 모든 설교와 성경공부 사역이 하나의 큰 "신학적 틀" 안에서 진행되고 일관성을 가질 수 있게 되었습니다. 성도들 역시 기존의 파편적인 성경 지식들이 하나의 큰 줄기로 모이고 엮이는 것을 경험하면서, 영적 도전을 받고 복음을 살아 내려는 시도들을 하는 것을 보았습니다. 바로 이러한 경험들 때문에 하나님 나라 복음에 대한 이해를 돕고자 『복음은 그런 게 아닙니다』라는 대범한 제목의 책을 기획하고 출판하게 되었습니다.

어쩌면 제가 앞으로 하게 될 "복음"에 관한 이야기는 전혀 새로운 것이 아닐 수도 있습니다. 그러나 파편적으로 축적해 온 성경 지식들을 **"창조-타락-구속-회복"**의 프레임과 **"하나님 나라"**라는 큰 틀 안에서 이해하다 보면 하나님의 관점으로 "복음"을 이해하게 되고, 그 복음에 감격하게 되고, 그 복음을 살아 내고자 하는 갈망을 경험하실 수 있으리라 확신합니다.

특별히 이 책의 중심부라 할 수 있는 제2장 "복음의 내용: 하나님 나라"는 크게 **"도입-발단-전개-위기-절정-대단원"**의 흐름으로 구성되어 있습니다. 어떤 분들은 기독교의 복음이 "소설의 구성 단계"에 들어맞을 수 있는지 궁금해 하실 수도 있습니다. 그러나 성경은 단 "하나의 주제"를 가진 "하나의 거대한 이야기"이기 때문에 이것이 가능합니다. 성경 안에는 여러 가지 다양한 이야기가 있습니다. 그러나 그 이야기들은 모두 "하나의 주제" 안에서 다루어지고 있고,

그 "하나의 주제"를 향해 나아가고 있으며, 그 "하나의 주제"로 대단원의 막을 내리고 있습니다. 그리고 그 하나의 주제는 바로 "하나님 나라의 복음"입니다.

제1장 "복음의 근거: 성경"에서는 "성경이란 책이 왜 객관적 신뢰성을 가질 수 있는가"라는 주제를 다루었습니다. 기독교가 말하는 복음의 근거가 되는 "성경"에 대한 객관적 신뢰성을 담보해야 복음에 대한 논의가 진행될 수 있기 때문입니다.

제2장 "복음의 내용: 하나님 나라"에서, 발단에서는 "창조", 전개에서는 "타락", 위기에서는 "구속", 절정에서는 "부활과 승천", 대단원에서는 "회복과 재림"에 대해 다루었습니다.

제3장 "복음의 열매: 제자도"에서는 복음을 살아 내기 위한 "제자도"를 주제로 한 네 편의 설교를 엮었습니다.

아무쪼록 이 책을 통해 "하나님 나라의 복음"을 보는 눈이 열려 이 복음 앞에 반응하고, 이 복음을 위해 살아 내는 일들이 일어나기를 소망합니다.

# 제1장

# 복음의 근거: 성경

### 1
### 성경은 정말 인간의 저작물일까?

'성경'하면 가장 먼저 떠오르는 생각이 바로 '부동의 1위 베스트셀러'입니다. 성경은 창조주이신 하나님께서 우리 인간에게 주신 "계시의 말씀"입니다. "계시"란 말의 뜻은 "열어서 보여 주다"입니다. 피조물 인간은 창조주이신 하나님의 계시가 없으면, 하나님에 대해 알 수 없습니다. 예를 들어, 발명가가 만든 새로운 발명품은 발명가 자신이 그 용도를 말해 주어야 그것이 무엇인지를 알 수 있습니다. 마찬가지로 우리 인간은 창조주이신 하나님의 계시를 통해서만, 우주 만물의 시작과 끝에 대해, 더 나아가서는 인간의 존재 목적에 대해 알 수 있습니다.

그렇다면 성경은 어떤 책일까요?

## 성경은 역사성과 다양성을 가진 책이다

성경은 66권의 책들을 하나로 묶은 것이기 때문에 성경의 정식명칭은 "성경전서"입니다. 성경은 크게 구약 39권과 신약 27권 두 파트로 구성되어 있습니다. 구약과 신약이란 명칭은 하나님과 그의 백성 사이에 맺어진 두 큰 언약인 "모세의 언약"(출 24:8)과 "새 언약"(눅 22:20)에 근거해서 붙여졌습니다.

성경을 기록한 사람들은 대략 40명 정도입니다. 그들은 당대에 알려진 "세상의 전부"라고 생각되었던 거의 1만 킬로미터를 포괄하는 지역의 10개 나라에 거주했습니다. 구약성경의 경우 약 30여 명의 사람들이 기록했는데, 그중에는 왕, 군인, 제사장, 정치가, 목자, 농부, 학자 등 다양한 계층의 다양한 직업을 가진 사람들이 있었습니다. 신약성경은 약 10여 명의 사람들이 기록했는데, 그들은 학자, 어부, 의사, 세리 등이었습니다.

성경에는 2,930명의 인물이 등장하고, 그들의 주요 활동 무대로는 1,551개의 지명이 언급되어 있습니다. 또한, 성경은 최소 10가지의 다양한 수단(펜, 끌, 가죽, 진흙, 파피루스, 돌 등)으로 기록되었습니다.

## 성경은 언약의 책이다

성경은 "언약"(약속)의 책입니다. 이 언약의 주인공은 바로 예수 그리스도입니다. 종교개혁가 마틴 루터는 "성경은 예수님께서 누워 계신 요람"이라고 말했습니다. 왜냐하면, 예수님에 관한 이야기가 성경의 모든 곳에서 발견되기 때문입니다.

구약성경은 "오실" 예수님에 대한 기록이고, 신약성경은 "오신" 예수님에 관한 기록입니다. 그래서 창세기에도 예수 그리스도에 대한 예언이 있고, 출애굽기, 레위기 속에서도 예수님의 오심에 관한 힌트를 발견할 수 있습니다. 심지어 예수님과는 전혀 상관이 없어 보이는 룻기서와 아가서에서도 예수 그리스도에 대한 내용을 발견할 수 있습니다. 따라서 구약은 "예언된 약속", 신약은 "성취된 약속"이라고 볼 수 있습니다(물론 신약에는 아직 그 성취를 기다리고 있는 약속들이 남아 있습니다).

## 성경의 저자는 하나님이다

성경 각 책의 저자들이 속했던 시대와 장소들은 다 달랐기 때문에 그들은 한 번도 서로 만날 기회가 없었습니다. 그러나 놀랍게도, 성경 66권 각 책은 한결같이 "하나의 공통된 주제"를 다루고 있습니다. 성경의 저자들은 편집회의를 소집해서 "어떤 주제로 글을 쓸 것인가"에 대해 의논한 적이 아예 없었고, 그것이 가능하지도 않았습니다.

그러나 그럼에도 불구하고, 성경 66권은 한 가지 공통된 주제로 기록되었습니다. 왜냐하면, 성경의 저자들은 자신이 쓰고 싶은 내용들을 마음대로 쓰지 않고, 하나님으로부터 영감(감동, inspiration)을 받아 기록했기 때문입니다. 엄밀하게 말해서 성경의 저자는 하나님 한 분이시기 때문에 창세기부터 요한계시록까지 성경의 모든 내용은 통일성을 가질 수밖에 없습니다.

성경이 하나님의 감동(inspiration)으로 기록되었다고 할 때의 "감동"에 해당하는 헬라어 단어 "데오프뉴스토스"는 "하나님"(데오스)과 "감동받은"(프뉴스토스)이라는 두 단어가 합쳐진 합성어입니다. 그리고 "프뉴스토스"는 그 어원이 "프뉴마"(숨, 호흡, 생기, 생명)입니다. 따라서 "데오프뉴스토스"는 "하나님에 의해 생기(생명)가 불어넣어진" 혹은 "하나님께서 호흡하시는"이란 뜻입니다.

하나님께서 인간을 창조할 때 당신의 "생기를 그 코에 불어넣으시니 사람이 생령(生靈)이 된"(창 2:7) 것같이, 성경 또한 하나님의 영감을 받아 저작된 하나님의 말씀입니다. 인간이 하나님의 영을 받아 하나님과 교제할 수 있는 것처럼 성경의 저자들 역시 하나님의 영이신 성령의 간섭을 통해 하나님으로부터 영감을 받아 하나님의 말씀을 기록했습니다.

> 모든 성경은 하나님의 영감으로 된 것으로서 교훈과 책망과 바르게 함과 의로 교육하기에 유익합니다(딤후 3:16, 표준새번역).

"하나님의 영감을 받아 성경을 기록했다"라고 함은 인간 저자의 정신 활동은 중지된 상태에서, 기계적으로 하나님의 말씀을 받아 적었다는 뜻이 아닙니다. 하나님께서는 성경 저자들의 개인적 성격, 학식, 체험 등의 모든 특성은 살려둔 채, 당신의 뜻하는 바를 온전히 기록하도록 하셨습니다. 성경 저자들의 지, 정, 의(생각, 마음, 뜻)가 생생하게 활동하고 있는 동시에 하나님께서는 당신의 절대적 주권 하에서 성경의 모든 저작 과정을 주관하셨습니다.

예를 들어, 목사는 매 주일 선포할 설교를 준비합니다. 하나님께서는 성경 해석과 연구의 내용을 통해 한 교회 공동체에 주시는 하나님의 특별하고 구체적인 메시지를 설교자로 하여금 알게 하십니다.

이처럼 한 편의 설교는 설교자의 이성적 작업은 물론, 개인의 성품과 성장 배경, 다양한 경험 등을 통해서 만들어집니다. 그러나 동시에 교회 공동체에 선포되어야 할 설교 내용은 설교자의 주관이 아닌 하나님의 말씀입니다. 따라서 설교 역시 하나님의 영감에 의한 사역의 한 예라 할 수 있습니다. 이처럼 성경은 오로지 인간의 능력으로만 기록된 저작물도 아니고, 그렇다고 하나님의 말씀을 기계적으로 받아 적은 것도 아닙니다. 성경은 하나님의 영이신 성령의 감동을 받은 인간의 "전인격적" 작업을 통해 기록된 하나님의 계시 말씀입니다.

성경을 읽다 보면, "이 책 속에 기록된 모든 말씀은 하나님의 말씀이고 진리이다"라고 성경이 스스로 말하는 것을 보게 됩니다. 성경이 스스로 하나님의 말씀이며 진리라고 선포하기 때문에 많은 사람은 "성경을 도무지 믿을 수 없다"고 말합니다. 이 역시 상식적으로 자연스럽고 타당한 지적입니다. 그러나 『참회록』, 『신의 도성』으로 유명한 어거스틴은 이렇게 말했습니다.

"나는 믿는다. 그러므로 나는 이해할 수 있다."

어거스틴은 믿기 위해 이해를 추구한 것이 아니라, 이해하기 위해 믿었습니다. 한마디로 이것입니다.

"먼저 믿으면, 그 다음에 이해가 따라옵니다."

하나님 그리고 당신의 계시의 말씀인 성경은 "이해의 대상"이기 이전에 "믿음의 대상"이기 때문입니다.

하나님에 대한 믿음, 나아가 성경을 하나님의 말씀으로 믿는 믿음은 하나님께로부터 온 선물이고 은혜입니다. 바로 다음 장에서 보겠지만, 성경은 객관적으로 신뢰도가 가장 높은 고문서(역사적 기록물)입니다. 이성적으로는 얼마든지, 성경의 역사적 권위를 인정할 수 있습니다. 그러나 성경을 하나님의 말씀으로 믿고 그것의 신적 권위를 인정하는 것은 오롯이 신앙의 영역입니다. 그래서 성경은 이성과 믿음이 만날 때, 비로소 온전히 이해될 수 있습니다.

사도 바울은 "믿음은 그리스도의 말씀을 들음에서 난다"고 했습니다(롬 10:17). 열린 마음을 가지고 성경이 말하고자 하는 메시지에 대해 조금씩 알아 가다 보면, 머리로는 납득되지 않는 것들이 마음에서 받아들여지고 인정되는 것을 경험할 수 있습니다. 또한, 성경은 믿으면 깨닫게 되고, 깨달을수록 모르는 것이 더 많아지기 때문에 우리도 하나님의 말씀 앞에서 점차로 겸손함을 갖게 됩니다.

## 성경은 약속과 성취의 책이다

성경 전체를 관통하는 하나의 통일된 주제는 바로 예수님의 십자가 구속을 통한 "**창조 질서의 회복-하나님 나라의 완성**"입니다. 성경 저자 40여 명 중 4분의 3이 예수님께서 이 세상에 태어나시기 이전에 살았던 사람들입니다. 그들은 예수님께서 태어나시기 약 1,500년 전부터, 짧게는 약 400년 전에 살았습니다. 그들은 한 번도 예수님을 만나 보지 못했고, 어떤 모습의 메시아(그리스도)가 오실 것이라고 상상조차 하지 못했습니다.

그런데도, 그들은 예수라는 이름만 몰랐지 그분의 오심에 대해 세밀하게 예언했고, 그분의 오심의 의미에 대해 정확하게 기록했습니다. 따라서 성경은 인간이 스스로 지어 낸 이야기가 아님을 알 수 있습니다.

인류의 역사를 돌아보면, 수많은 "예언자"가 미래를 점치면서 사람들을 미혹해 왔습니다. 그들은 미래를 미리 보고 싶어 하는 사람들의 마음을 충동해서 자기가 미래를 보여줄 수 있다고 사람들을 유혹해 왔습니다. 그러나 성경은 과거, 현재, 미래의 역사를 다스리시는 분은 오직 하나님 한 분이심을 증거합니다. 따라서 미래를 미리 보여 주고 알려 주실 수 있는 분도 오직 하나님 한 분밖에는 없습니다.

성경에는 예수님과 인류 역사에 관한 예언들이 수없이 많이 나옵니다. 앞서 언급한 대로, 구약은 "오실 메시아"에 관한 약속의 책이고, 신약은 "오신 메시아"에 관한 약속의 성취를 다루는 책입니다. 그중에 예수님의 초림에 관한 것은 어김없이 성취되었고, 그분의 재림과 인류 종말에 관한 200개가 넘는 예언들은 성취를 기다리고 있습니다.

특히, 구약성경은 구전의 과정을 거친 후에 기록되었기 때문에 메시아에 관한 예언들의 시점은 구약성경이 기록된 시기보다 훨씬 더 앞섭니다. 심지어 최초의 인간이 살았던 에덴 동산에서 주어진 약속입니다.

> 여자의 후손은 네 머리를 상하게 할 것이요 너는 그의 발꿈치를 상하게 할 것이니라 (창 3: 15).

예수님의 초림(이 땅에 처음 오심)에 관한 예언들은 동정녀 탄생, 다윗의 후손으로 오심, 베들레헴에서의 출생, 헤롯의 영아 살해, 애굽으로의 피신, 유다의 배반, 십자가 처형, 부활, 승천 등 중요 사건들뿐만 아니라, 아주 세밀하게 예언된 부분까지도 다 성취되었습니다.

이와 같은 예언의 성취는 단순한 우연의 일치로 가볍게 볼 문제가 결코 아닙니다. 구약의 메시아에 관한 예언들 중에 8개가 예수님 당대에 성취될 확률은 10경(京-영이 17개 붙은 숫자) 분(分)의 1입니다. 좀 더 실감나게 설명하면, 10경 개의 100원짜리 동전으로는 한반도 전체 면적을 3번 이상 덮을 수 있습니다. 따라서 10경 분의 1의 확률이란, 한반도 3배 면적에 해당하는 넓이로 깔린 동전 중에 색깔이 다른 동전 딱 하나를 무작위로 집어 올릴 경우의 수입니다.

예수님에 관한 명백한 예언으로 인정할 수 있는 중요 예언으로는 48개가 성취되었습니다. 그런데 이는 영이 157개가 붙은 숫자 분의 1 확률입니다. 다시 한 번 비유하자면, 이것은 토네이도가 폐차장을 지나가면서 순간적으로 부품을 모아 자동차 한 대를 완전하게 조립해 낼 수 있는 확률입니다.

성경은 "역사적인 책"일 뿐만 아니라, "예언적인 책"이기도 합니다. 역사의 주관자가 되시는 하나님께서는 선지자들에게 당신께서 하실 일들을 미리 보여 주시고, 또한, 그 약속하신 것들을 이루십니다. 하나님께서는 아모스 선지자에게 이렇게 말씀하셨습니다.

> 참으로 주 하나님은 당신의 비밀을 그 종 예언자들에게 미리 알리지 않고서는 어떤 일도 하지 않으신다 (암 3:7, 표준새번역).

예수님 또한 이렇게 말씀하셨습니다.

> 천지가 없어지기 전에는 율법의 한 점 한 획이라도 반드시 없어지지 아니하고 다 이루리라 (마 5:18).

따라서 우리는 성경을 하나님의 진실한 말씀으로 신뢰할 수 있어야 합니다.

[ 소그룹 나눔을 위한 질문 ]

1. 성경에 관한 객관적 사실들 중에 새롭게 알게 되었거나 가장 중요하다고 생각되었던 것은 무엇입니까?
   그러한 생각이 성경에 관한 당신의 생각에 어떤 변화를 주었습니까?

2. 성경은 "하나님의 감동으로" 기록되었으면서도 동시에 "인간의 '지·정·의'가 생생하게 활동"하는 상태에서 기록되었다는 것은 당신에게 어떤 의미로 다가옵니까?
   그리고 성경의 신뢰성에 대한 당신의 생각에는 어떤 영향을 주었습니까?

3. 이 책을 읽기 전, '성경 전체를 관통하는 하나의 통일된 주제'는 무엇이라고 생각했습니까?
   성경의 단 하나의 주제는 "예수님의 십자가 구속을 통한 창조 질서의 회복-하나님 나라의 도래"라는 진술과 당신이 기존에 알고 있던 "성경의 주제"와 비교해 보면, 어떤 유사성 혹은 차이점이 있습니까?

4. "나는 믿는다. 그러므로 나는 이해할 수 있다"라고 말한 어거스틴은 믿기 위해 이해를 추구한 것이 아니라, 이해하기 위해 믿었습니다.
"성경은 '이해의 대상'이기 이전에 '믿음의 대상'이다"라는 말에 대해 어떻게 생각합니까?

## 2
## 성경은 정말 객관적 신뢰성을 가진 책일까?

지금 우리가 읽는 성경의 원본은 남아 있지 않습니다. 오늘날 우리가 읽고 있는 성경은 다수의 성경 사본을 비교 분석해서 원본에 가장 가깝다고 여겨지는 것들을 종합해서 묶는 "정경화 과정"을 통해 탄생되었습니다.

성경의 필사자들, 즉 성경을 손으로 직접 베껴 쓴 사람들은 최선을 다해 오류를 줄이고자 노력했지만, 성경의 사본들에는 여러 가지 오류와 불일치가 있을 수밖에 없었습니다. 그래서 사람들은 성경의 정확성에 대해 의문을 갖게 되었습니다.

오늘날 우리가 읽고 있는 성경이 원본이 아니라면, 어떤 근거로 이것이 성령의 감동으로 기록된 하나님의 말씀이라고 확신할 수 있을까요?
원본이 아닌 사본으로만 전해 내려온 성경은 얼마나 정확할까요?
시대가 지나면서 성경의 내용이 변질되지는 않았을까요?

### 성경을 다른 고서들과 비교해 본다면?

혹자는 "입에서 입으로 전해지는 구전 과정을 거친 후에 문자화된 성경은 아무래도 신뢰성이 떨어지지 않겠는가"라고 의문을 제기합니다. 지극히 타당하고 합리적인 문제 제기입니다. 그러나 우선 주지해야 할 사실은 고대 역사 기록들은 거의 모두가 "구전 전승 기간"을 거쳤다는 점입니다. 이는 어떤 역사적 인물에 관한 기록이 생존 당시에는 굳이 기록될 필요가 없었고, 그가 역사적으로 평가받기까지는 어느 정도 시간이 필요했으며, 고대에는 오늘날과 같이 자료의 기록이 수월하지 않았기 때문입니다. 따라서 역사적 사건들이 입에서 입으로 전달된 기간이 짧으면 짧을수록, 그 내용은 변질되지 않은 역사적 사실에 가깝다고 볼 수 있습니다.

이러한 관점에서 고대의 인물들과 타종교의 인물들, 기독교의 예수님에 대한 역사적 기록을 비교해 보면 아래 표와 같습니다.

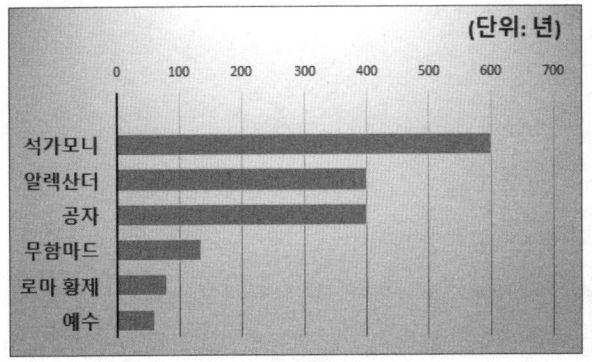

[도표 1. 주요 인물 구전 전승 기간 비교]

단군 신화의 경우 B.C. 2333년에 나라를 세운 단군의 이야기가 구전되다가 A.D. 1281년에 승려 일연의 『삼국유사』에 기록이 되었습니다. 단군 신화는 최소한 2,000~3,000년 이상의 구전 전승 기간을 거쳤습니다. 따라서 단군 신화의 역사적 신뢰성은 그리 높은 편이 아니라고 볼 수 있습니다.

불교의 경우 B.C. 6세기에 살았던 고타마 싯타르타의 생애는 대부분 A.D. 1세기에 기록되었습니다. 부처의 가르침과 생애가 제자들에 의해서 구전되다가 문자로 기록된 것은 그가 죽은 지 최소한 600년이 지난 후에 이루어졌습니다. 이슬람교의 창시자 무함마드는 A.D. 632년까지 생존했는데, 그의 생애를 기록한 무함마드의 전기는 A.D. 767년경에 기록되었습니다. 그의 전기는 그의 사후 약 135년이 지나서야 문서화되었습니다.

공자의 생애에 관한 유일한 책은 사마천의 『공자세가』(孔子世家)입니다. 이 책은 공자가 죽은 지 약 400년 후에 기록되었습니다. 이와 관련하여 도올 김용옥 교수는 자신의 책 『도올 논어(1)』에서, 공자의 생애 기록은 그 역사적 신뢰성이 매우 낮다고 하면서, 다음과 같이 주장했습니다.

> 사마천의 『공자세가』는 孔子(공자)에 관하여 최후로 쓰인 장편소설이다. 사마천의 '공자세가'는 어떠한 경우에도 사실로 간주될 수 없다. 400년 전에 살았던 한 인간의 삶의 이야기를, 태어나서 죽을 때까지 편년체로 세밀하게 기록한다는 것이 어떠한 경우에도 사실 그 자체일 수 없다는 것은 너무도 명백하다. 불과 몇 십년 전에 저승의 사람이 된 박정희 대통령의 전기 문학도 집필자에 따라 전혀 다른 이야기들로 꾸며지고 있다는 사실을 한 번 되씹어 볼 필요가 있을 것이다.

당시 전 세계라고 여겨졌던 페르시아와 이집트, 인도까지 영토를 확장하고 헬라 제국을 이룩했던 알렉산더 대왕과 로마의 황제들에 관한 기록은 어떨까요?

알렉산더 대왕 일대기는 그의 사후 약 400년 후에 아리안과 플

루타르크에 의해 기록되었습니다. 예수님과 동시대의 로마 황제 티베리우스는 그의 사후 약 80년 후에 타키투스와 수에토니우스에 의해 기록되었습니다.

그렇다면 이스라엘의 무명 청년, 로마 황제와는 비교할 수 없는 예수에 관한 이야기는 언제 기록되었을까요?

사복음서(마태, 마가, 누가, 요한복음)의 경우 예수님의 승천 이후 약 30년에서 60년 사이에 기록되었습니다. 로마서를 비롯한 사도 바울이 쓴 책들은 예수님의 승천 이후 약 18년에서 35년 사이에 기록되었습니다. 따라서 대부분의 신약성경은 예수님의 지상 사역이 끝나고 나서, 약 18년에서 60년 사이에 기록되었습니다. 이처럼 예수님에 관한 역사적 기록은 "가장 짧은" 구전 전승 기간을 거쳤습니다. 따라서 신약성경은 고대 동·서양의 문헌들 중에서 가장 신뢰성과 정확성이 높은 역사적 기록물임을 알 수 있습니다.

예수님에 관한 기록의 독특한 특징 중 하나는 바로 "기록 시점"입니다. 예수님을 제외한 다른 고대 인물들에 관한 기록들은 당사자들과 그들을 경험한 사람들이 모두 죽고 난 후에 이루어졌습니다. 그러나 예수님에 관한 기록 중 일부는 예수님을 직접 목격한 사람들이 생존할 당시에 이루어졌습니다. 사도 바울은 예수님의 부활을 목격한 사람들이 약 500명 정도 있었다고 했습니다. 그런데 자신이 편지를 쓰는 그 당시에도 그들 중 대다수가 생존해 있다고 말했습니다.

> 그 후에 한번에 오백 명이 넘는 사람들에게도 나타나셨다는 사실입니다. 그 사람들 중에는 이미 죽은 사람들도 있지만, 대부분은 아직도 살아 있습니다 (고전 15:6, 쉬운 성경).

1972년 미국에서 워터게이트 사건이 터지자마자, 닉슨 대통령의 참모 10명은 범죄 사실을 감추기 위해 서로 입을 맞추었습니다. 당시 이 10명은 전 세계를 호령하는 권세과 능력을 가진 당대 최고의 엘리트 중의 엘리트였습니다. 그러나 워터게이트 사건의 주모자였으나 훗날 회심한 그리스도인 척 콜슨은 이들의 거짓말이 2주를 넘길 수 없었다고 증언했습니다.

만약 예수님의 부활이 조작된 거짓이었다면, 500명 이상이 모두 입을 맞추었고, 그들의 거짓말은 2천 년 넘게 지속되었다는 말이 됩니다. 그러나 워터게이트 사건은 예수님의 부활이 참된 역사적 사실이었음을 방증해 줍니다. 어떤 사람들은 신약성경의 내용이 후대의 사람들에 의해 조작되었거나 거짓으로 기록된 것이라고 생각합니다. 그러나 워터게이트 사건에서 보는 것처럼 성경의 조작이나 역사 왜곡 가능성은 지극히 낮습니다.

어떤 사람들은 신약성경을 읽다 보면 종종 만나게 되는 "(없음)"이라는 구절들(마 17:21; 18:11; 23:14 등)을 근거로, 성경의 신뢰성에 문제가 있다고 말합니다. 그러나 이것은 오히려 성경의 정확성과 신뢰성을 보여 주는 증거입니다.

성경의 장(chapter)과 절(verse) 구분은 중세에 이루어졌습니다. 그런데 훗날 보다 정확한 사본들이 발견되면서, 덜 정확한 구절들을 **빼야** 할 필요가 발생했습니다. 그런데 만약 절수를 다시 조정하게 되면 큰 혼란이 생길 수 있었기 때문에 절수는 그대로 두고, 대신 "(없음)"이라고 표시를 하게 된 것이 오늘까지 이어지게 되었습니다.

하나님의 말씀인 성경은 하나님의 능력으로 기록되고 보존되어 오늘날 우리에게까지 전달되었습니다. 성경의 내용에 대해서는 종교적 믿음을 갖지 못할 수도 있습니다. 그러나 역사적 문서로서의 성경에 관한 객관적 신뢰성은 얼마든지 인정할 수 있는 여지가 있습니다.

[ 소그룹 나눔을 위한 질문 ]

1. 성경의 신뢰성에 관한 설명 중에 새롭게 알게 되었거나 가장 중요하다고 생각되었던 것은 무엇입니까?

2. 이 책에 언급된 것 말고도 성경의 신뢰성에 대해 의문을 제기하는 많은 이론이 있습니다.
혹시 기존에 알고 있던 것들이 있습니까?
그러한 의혹 제기에 대해 어떻게 생각합니까?

3. 성경 사본들에 있는 여러 가지 오류와 불일치에도 불구하고, 성경은 다른 고대 문서들에 비해 월등히 높은 신뢰도를 보이고 있습니다.
이러한 사실이 성경에 관한 당신의 생각에 어떤 변화를 주었습니까?

4. 역사적 인물들에 관한 문서들을 비교해 보았을 때, 예수 그리스도의 역사성에 대한 당신의 생각에 어떤 변화가 있습니까?
예수는 정말 역사 속에 존재했던 인물이라고 생각합니까?

> **3**
> **성경은 정말 과학과 충돌할까?**

대한민국의 공립학교에 다니는 모든 학생은 과학 시간에 진화론을 배웁니다. 그러나 교회에서는 창조론을 배웁니다. 진화론과 창조론의 문제는 때때로 공직에 나가려는 이들에게 걸림돌이 되기도 하고, 심지어 기독교 내에서도 많은 논쟁을 자아 내고 있습니다. 이 문제 때문에 많은 사람이 기독교 신앙을 선뜻 갖기 힘들어 하기도 하고, 기독교인들 중에서도 이 문제로 갈등을 겪는 경우가 많습니다. 저 역시 이 문제를 가지고 오랫동안 갈등하며 씨름했었습니다.

성경과 과학, 이 둘은 어떤 관계이며, 어떻게 조화될 수 있을까요?

## 성경의 완벽성과 인간 이성의 한계

각 나라의 기독교 문화를 보면, 예배 형식, 기도 스타일, 음악의 장르 등이 너무나 다양합니다. 우리나라만 해도, 여러 가지 다양한 교단들이 개신교라는 한 테두리 안에 공존하고 있습니다. 왜냐하면, 성경을 해석하는 인간의 방식과 내용이 천차만별이기 때문입니다. 복음의 본질에 있어서는 동일하나, 복음의 강조점과 실천에 있어서는 각기 다른 해석을 하기 때문입니다.

이처럼 수많은 기독교 안의 교단과 세계적으로 다양한 신앙의 모습은 성경이 다양한 방식으로 해석될 수 있음을 보여 줍니다. 이와 같은 성경 해석의 다양성은 성경의 권위나 기독교의 진실성을 해치지 않습니다. 성경의 절대적 권위를 인정하는 소위 "복음주의자"로 불리는 사람들 중에도, 서로 성경을 다르게 읽고 해석하는 것을 볼 수 있습니다. 따라서 하나의 "성경 해석 방법"을 고집하는 것은 지극히 인간적인 교만입니다.

　세계 선교 역사를 살펴보면, 서구의 선교사들은 자신들의 문화권에서 해석하고 만들어 낸 신학과 기독교 문화를 복음과 동일한 것으로 생각했습니다. 그래서 그들은 아프리카와 같은 제3세계 국가에서 "서구의 기독교 문화"를 이식하려고 노력했습니다. 그 결과로 아프리카 사람들은 더운 대낮에 정장을 갖추어 입고, 오르간 소리에 맞춰서 찬송가를 불러야 했습니다. 하나님께서 다양한 인종과 나라, 문화를 만드신 의도를 무시한 처사라 아니할 수 없는 일입니다. 따라서 한 개인 혹은 집단의 "성경 해석"을 "성경 자체"와 동일시하는 것은 명백한 오류입니다.

　아이러니하게도, 이런 잘못은 성경의 권위를 높이 두려는 사람들에게서 흔히 볼 수 있습니다. 우리는 인간의 모든 "성경 해석"이 결코 완벽할 수 없음을 겸손하게 인정해야 합니다.

## 성경과 자연은 모두 하나님께서 주신 책

　과학은 하나님께서 주신 자연이라는 책을 읽어 내는 해석의 도구입니다. 성경과 자연은 모두 하나님께서 당신에 대해 계시해 주신 책들입니다. 창조론과 진화론의 갈등에서 보는 것처럼 "성경 읽기"와 "자연 읽기" 사이에는 서로 충돌이 일어납니다.

그러나 이것은 어디까지나 성경과 자연을 해석하는 "인간의 한계" 때문에 생긴 불가피한 일입니다. 성경과 자연의 저자는 모두 창조주이신 하나님입니다. 따라서 동일한 저자에 의해 완성된 성경과 자연은 서로 모순되지 않습니다. 다만 성경과 자연을 읽어 내는 "인간의 해석"에 한계가 있고 차이가 생길 뿐입니다.

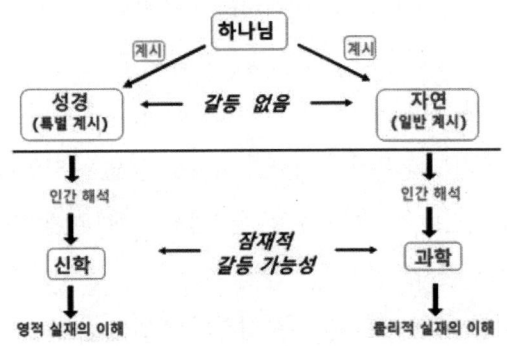

[도표 2. 기독교와 과학의 관계]

성경과 과학이 서로 대립하는 갈등 구조로 인식되는 근본적 이유는 애초에 "비교 대상"을 잘못 선정했기 때문입니다. 성경과 과학은 서로 비교 대상이 될 수 없습니다. 성경은 자연과 비교되어야 하고, 성경 해석은 과학 이론과 서로 비교되어야 합니다.

소위 "창조 과학"을 믿는 분들의 오류는 당신들의 성경 해석을 성경의 권위와 동일시하는 데에 있습니다. 창조 과학을 하시는 분들은 성경에 기록된 내용을 과학적 방식으로 분석하고 해석하려고 애를 씁니다. 그러나 창조 과학자들이 하는 일은 성경을 과학적으로 해석하는 것이지, 성경을 기록하는 것이 아닙니다. 따라서 창조 과학은 그 신빙성 여부를 떠나서, "성경"과 "성경 해석"을 혼돈한 오류입니다. 성경은 진리입니다. 그러나 인간의 성경 해석에는 늘 오류가 있을 수밖에 없습니다. 믿음이 좋다 하시는 분들 중에는 이렇게 반론을 제기합니다.

"과학은 계속 변하기 때문에 신뢰할 수 없지만, 성경은 변하지 않는 절대적 진리이다!"

일면 일리가 있는 지적입니다. 과학은 가설을 세우고 실험과 관찰을 통해 세운 가설을 증명해 가는 과정을 반복합니다. 그래서 이전에는 옳다고 인정되었던 과학적 "사실"들이 훗날에는 "사실이 아닌 것"으로 판명되기도 합니다. 반면, 정경으로 인정된 성경의 66권 말씀에는 번역의 다양성은 있을지언정 그 내용에는 변함이 없습니다.

그러나 이 역시 비교 대상을 잘못 선택한 오류입니다. 앞서 말씀드린 대로, 과학은 자연에 대한 해석입니다. 따라서 과학은 늘 변할 수밖에 없습니다. 그리고 과학의 이러한 가변성은 매우 긍정적인 것입니다. 과학에 대한 과학자들의 겸손함와 융통성 때문에 인류는 오늘날 큰 과학적 혜택을 누리고 있습니다.

성경을 해석하고 연구하는 신학도 마찬가지입니다. 주어진 성경(하나님의 계시)은 불변하지만, 성경에 대한 해석은 계속해서 변해 왔습니다. 기독교인 입장에서는 부끄러운 이야기이지만, 역사적으로 많은 기독교인은 노예제도와 인종 차별, 성별에 따른 불평등을 당연한 것으로 여겼습니다. 왜냐하면, 성경이 그러한 것들을 지지한다고 굳게 믿었기 때문입니다(성경에는 분명 노예 제도가 나옵니다. 여성의 권위가 무시되는 것처럼 보이는 구절들도 분명 있습니다).

과학이란 학문이 "자연에 대한 인간의 해석"이라면, 신학이란 학문은 "성경에 대한 인간의 해석"입니다. 따라서 과학은 늘 변하기 때문에 믿을 수 없다고 한다면, 바로 동일한 이유로 우리는 신학 역시 신뢰할 수 없어야 합니다. 예수 그리스도에 관한 단순하고 절대적인 진리 외에, 완벽한 성경 해석이란 있을 수 없기 때문입니다.

자연이 변하는 것이 아니라, 자연을 이해하는 인간의 지식이 변하는 것입니다. 마찬가지로 하나님과 성경이 변하는 것이 아니라, 하나님과 성경을 이해하는 인간의 지식이 점점 넓어지고 깊어지는 것입니다. 따라서 "성경은 그대로 있고 과학은 변하는 것이니, 성경은 믿을 수 있고 과학은 믿을 수 없다"는 식의 말은 성경적이지도 상식적이지도 않습니다.

## 성경 해석과 과학의 조화

지금까지 논의된 것을 보면, 성경과 과학은 최소한 대립적 관계에 있는 것은 아닌 것처럼 보입니다. 그러나 지구를 포함한 우주의 연대와 성경의 역사를 비교해 보면, 그 차이가 너무나 많이 납니다. 현대 과학은 우주의 연대가 최소한 130억 년 이상, 지구의 연대는 46억 년 정도라고 말합니다. 그러나 성경이 말하는 지구의 나이는 고작 1만년 이내입니다.

그렇다면 성경과 과학은 조화를 이룰 수 있을까요?
만약 그것이 가능하다면 그것은 어떻게 설명될 수 있을까요?

성경 안에는 다양한 문학 장르(양식)가 있습니다. 따라서 성경 66권의 각 책은 저자들이 의도했던 대로 읽고 해석해야 합니다. 아이들의 동화책이 과학자들의 연구를 위한 자료가 될 수 없는 것처럼 성경을 읽고 해석할 때에는 성경 저자들의 의도를 존중하면서 접근해야 합니다.

그런데 문제는 성경의 어떤 책들은 저자의 의도와 장르를 명확하게 규정하기 힘들다는 데에 있습니다. 그중에서도 창세기는 가장 대표적인 논쟁적 책 중의 하나입니다. 대표적인 복음주의 설교자 팀 켈러 목사는 창세기 1장은 "문자 그대로" 읽을 수 없다는 견해를 지지한다고 말합니다. 그 근거로 켈러 목사는 창세기 1장과 2장에 드러난 창조 행위의 순서를 비교해 볼 것을 제안합니다(https://blog.naver.com/osm4709/221562233292).

창세기 1장에 나오는 창조 이야기는 "자연 법칙"에 어긋나는 이야기들로 가득합니다. 예를 들어, 빛의 근원인 해, 달, 별은 넷째 날에 창조되었는데, 첫째 날에 빛이 있었습니다. 태양은 넷째 날에 창조되었는데, 식물은 바로 전날 창조되었습니다. 이 말은 비가 내리기도 전에 식물부터 있었다는 말이 됩니다. 그러나 창세기 2장 5절은 다음과 같이 말합니다.

> 여호와 하나님이 땅과 하늘을 만드시던 날에, 여호와 하나님이 땅에 비를 내리지 아니하셨고 땅을 갈 사람도 없었으므로 들에는 초목이 아직 없었고 밭에는 채소가 나지 아니하였으며 (창 2:5).

하나님께서 천지를 창조하실 때, 반드시 "자연의 법칙"을 준수하셔야 할 의무는 없으셨습니다. 그러나 창세기 2장 5절은 하나님께서 그것을 실제로 따르셨다고 증거합니다. 창세기 2장에 따르면, 하나님께서는 대기와 비가 존재하기 전에, 식물을 땅에 두지 않으셨습니다. 그러나 창세기 1장에서는 비도 내리지 않고, 땅을 갈 사람도 없을 때에 이미 식물이 있었다고 말합니다. 따라서 우리는 창세기 1장만을 "문자적으로" 읽든지, 아니면 창세기 2장만을 "역사적 사실"로 해석하든지 해야 합니다. 창세기 1장과 2장 모두를 단순 역사적 사건으로 읽는 것은 명백한 "모순"입니다.

창세기 저자는 창세기 1장과 2장의 모순을 분명히 알았을 것인데, 그런데도 왜 두 가지 다른 "창조 이야기"를 나란히 배치한 것일까요?

우리는 그 이유를 정확하게 알 수 없습니다. 다만 창세기의 저자는 하나님의 창조 사건을 "정확한 역사적" 사실로 기록하려고 했다기보다는, 그 의미와 중요성을 더 중점적으로 부각시킨 것으로 이해할 수 있습니다. 창세기를 쓴 저자의 마음에는 하나님께서 "24시간을 하루"로 하는 "6일 동안"에 천지를 지으셨다는 사실 자체보다 더 중요한 것이 있었습니다. 그것은 바로 "하나님께서 창조주이시다"라는 선언이었습니다.

창세기의 저자는 과학적 지식을 전달하기 위해 창세기를 기록하지 않았습니다. 그는 천지만물을 지으시고 인간의 생사화복을 주관하시는 절대자가 있는데, 그분이 바로 여호와 하나님이시라는 진리를 전하기 위해 창세기를 기록했습니다.

창세기가 정확한 과학적 지식을 담고 있지 않다고 해서 "성경에 오류가 있다"고 단정할 수 있을까요?

그것은 마치 이렇게 말하는 것과 같습니다.

"동화책에 나오는 토끼와 거북이가 어떻게 말을 할 수 있는가? 이것은 명백한 과학적 오류이다!"

마찬가지로 성경의 내용을 현대 과학과 일치시키고자 하는 모든 시도 역시 잘못된 접근이라 할 수 있습니다.

성경이 하나님의 영감으로 기록되었다고 해서 그것이 꼭 현대 과학에 들어 맞아야 한다는 생각 자체가 매우 자의적 해석입니다. 기독교 신앙의 유무를 떠나서, 저자의 의도를 파악하고 존중하지 않는 해석은 그 자체가 오류입니다.

여기서 우리는 "창조 과학"을 주장하는 분들의 또 다른 오류를 볼 수 있습니다. 바로 성경의 "문자적 해석"입니다. 서두에서 말씀드린 대로, 성경은 인간 저자들의 인성과 지성, 경험과 시대적 상황을 반영하고 있습니다. 따라서 대부분의 복음주의자들은 성경의 모든 내용을 100퍼센트 문자적으로만 해석하지 않습니다.

만약 성경의 모든 내용을 문자적으로 해석해야 한다면, 교회 안에는 눈이 범죄해서 눈을 빼고 손이 범죄해서 손을 잘라 버린 사람들로 넘쳐야 합니다. 그러나 아무리 "정통 보수"를 자처하는 교회라 해도, 눈과 손이 없는 사람들로 가득한 교회는 없습니다. 마찬가지로 창조에 관한 성경의 이야기는 "문자적"으로 해석할 수 있는 가능성도 있지만, 그것이 꼭 절대적이고 유일한 성경 해석 방법은 될 수 없습니다.

성경은 "적응"(accommodation)의 방식을 사용합니다. 어린이의 눈높이에 맞추어서 가르치는 것처럼 성경 또한 처음 이 책을 접하게 되었을 독자들의 수준을 고려해서 기록되었습니다. 만약 오늘날의 과학적 지식에 맞추어서 성경을 기록했다면, 고대의 독자들은 성경을 이해할 수도 없었을 것이고, 이내 성경은 괴문서 취급을 받을 수밖에 없었으리라 짐작할 수 있습니다.

우리는 하나님께서 그 시대 사람들이 이해하고 수용할 수 있는 방식으로 성경을 주셨다는 사실을 인정해야 합니다. 그리고 바로 같은 이유 때문에 하나님께서는 당신의 독생자 예수 그리스도를 이 땅에 "인간의 모습"으로 보내셨습니다.

우리가 지금까지 다룬 "과학과 신앙의 조화" 문제는 오래된 질문입니다. 『참회록』으로 잘 알려진 북아프리카 주교 어거스틴(354-430)은 전 생애에 걸쳐 창세기 1-2장과 씨름했습니다. 모순되어 보이는 이 두 장을 조화시키기 위해 그는 다음과 같은 중심 주제를 도출했습니다.

- 하나님은 한 순간에 모든 것을 존재하게 하셨다.
- 하지만 창조의 질서는 고정되어 있지 않다.
- 하나님이 창조 세계가 계속 발전하도록 역량을 부여하셨기 때문이다.

어거스틴은 6일 동안의 창조가 시간적 순서가 아니라고 결론 내렸습니다. 그는 6일이라는 시간은 창조라는 하나님의 일을 분류하는 방식이었다고 생각했습니다. 하나님께서는 세상을 한 순간에 창조하셨지만, 오늘날까지도 그 창조를 계속해서 발전시키시고 빚어 가신다는 것이 어거스틴의 생각이었습니다.

어거스틴은 다윈의 『종의 기원』이 나오기 1,500년 앞서서 "진화의 가능성"에 대해 언급했습니다. 어거스틴은 결코 새로운 과학 이론에 맞추어 성경을 해석하지 않았습니다. 오히려 그는 성경 해석가들이 그 시대의 과학적 가정에 얽매일 것을 매우 염려했습니다. 그런데 안타깝게도, 어거스틴의 이러한 염려는 결국 16세기 "코페르니쿠스 논쟁"에서 가시화되었습니다.

전통적 성경 해석은 태양이 지구 주위를 돈다는 "천동설"이었습니다. 교회는 코페르니쿠스의 새로운 이론, 지구가 태양 주위를 돈다는 "지동설"을 성경의 권위에 대한 도전으로 받아들였습니다. 그러나 코페르니쿠스는 "성경의 권위"에 도전한 것이 아니라, "성경의 해석"에 대해 이의를 제기한 것이었습니다.

성경은 분명하게 예수님의 죽음과 부활을 "역사적 사실"로 증거하고 있습니다. 이것이 가장 분명한 사실로 존재하는 한, 어느 누구도 성경의 권위를 약화시킬 수 없습니다. 성경의 계시는 고대 독자에게 처음 주어진 것이라는 점을 고려한다면, 오늘날 우리가 가진 과학적 지식과 상충되는 내용들에 대해 곤란해할 필요가 전혀 없습니다.

또한, 성경은 "과학적" 현상이 아닌 "초월적"(영적) 실재를 다루는 책입니다. 따라서 보다 중요한 것은 성경의 "팩트 체크"가 아니라, "성경 저자의 의도"를 파악하는 것입니다. 아담이 역사적 인물인가에 대해 궁금증을 갖기보다는, 하나님을 거역한 아담의 모습이 오늘날 나의 모습은 아닌지 돌아볼 수 있어야 합니다. 요컨대, 성경에 "과학적 잣대"를 대기보다는 인간의 실존에 관한 "영적 잣대"에 우리 자신을 재보는 것이 성경을 대하는 바람직한 접근 자세입니다.

## 4
## 나가는 말

성경은 현재 인류가 갖고 있는 어떠한 책보다도 높은 신뢰성을 가진 책입니다. 물론 기독교에 관한 객관적인 증거들이 넘쳐난다 해도, 기독교 신앙을 자신의 전인격으로 수용하는 것은 또 다른 문제입니다. 그러나 성경에 관한 객관적 사실들을 아는 것은 매우 중요합니다.

이미 기독교 신앙을 가진 분들에게는 믿음을 더욱 견고하게 하는 계기가 될 수 있고, 기독교 신앙에 관심을 갖고 진리를 추구하는 구도자 분들에게는 영적 여정을 위한 좋은 출발점이 될 수 있기 때문입니다. 이제 우리는 성경에 관한 신뢰성을 기반으로, "성경의 DNA-핵심 주제"라 할 수 있는 "복음"에 대해 살펴보겠습니다.

## 소그룹 나눔을 위한 질문

1. "성경과 과학의 관계"에 대해 새롭게 알게 되었거나 가장 중요하다고 생각되었던 것은 무엇입니까?

2. 창조론과 진화론 사이에서 갈등하거나 곤란한 일을 당한 적이 있습니까?
   창조론과 진화론, 기독교 신앙과 과학은 서로 양립할 수 있다고 생각합니까?

3. "한 개인 혹은 집단의 '성경 해석'을 '성경 자체'와 동일시하는 것은 명백한 오류입니다"라는 진술에 대해 어떻게 생각합니까?
   이러한 관점에서 창조론을 비판한 저자의 주장에 대해 어떻게 생각합니까?

4. 창조론과 진화론 사이에서 갈등하는 지인이 당신에게 조언을 구한다면, 당신은 어떤 조언을 주겠습니까?

제2장

# 복음의 내용: 하나님 나라

## 1
### 도입: 하나님 나라 복음이란?

"복음"(福音, Good News)하면 가장 먼저 어떤 생각이 떠오르시나요? 기독교에 익숙하지 않은 분들은 "기독교의 근간이 되는 교리"라고 생각하실 것이고, 이미 기독교인으로 살고 계신 분들은 "이미 다 알고 있는 이야기"라고 생각하실 겁니다. 맞습니다. 일반적으로, "복음"에 관한 공부는 보통 4-7주에 걸쳐 하는 "새가족반"이나 "세례-입교"를 위한 교육에서 한 번 훑어 보고 덮는 것이 보통입니다.

그러나 복음은 몇 시간 공부하는 것으로 다 이해할 수 있는 것도 아니고, 평생에 몇 번 배우고 치워도 되는 정도의 "기초 지식"이 아닙니다. 복음은 창세기 1장으로부터 시작되어 예수님의 부활에서 그 절정을 이루고, 요한계시록 22장에서 대단원의 막을 내리는 "하나님의 66부작 대하 드라마"입니다.

영어로 "끝"은 "END"입니다. 그런데 이 "END"라는 단어가 가진 또 다른 의미는 "목적"입니다. 복음은 기독교 신앙의 처음이자 끝입니다. 따라서 복음은 기독교 신앙이 궁극적으로 추구하는 바(목적)입니다. 복음은 우리가 알고 있던 것보다 훨씬 더 크고 광대합니다.

## 성경은 하나님의 66부작 대하 드라마

초등학교 시절, 소설의 구성 요소 혹은 전개 과정이라고 해서 "발단-전개-위기-절정-대단원"을 달달 외던 기억이 있으실 겁니다. 글쓰기나 스토리텔링의 구조 역시 "기-승-전-결"의 구조를 따라가는 것이 보통입니다. 소설이나 영화, 드라마 같은 것에는 여러 가지 이야기들이 담길 수 있습니다. 그러나 그 속에 담긴 "주제"(Main Idea)는 단 하나입니다.

소설이나 극본을 쓰는 작가들은 여러 가지 사건, 사고, 생각들을 제시하고 풀어 가지만, 그것들은 모두 작가가 말하고자 하는 하나의 "중심 주제"로 모아집니다. 그렇지 않으면, 독자나 시청자들은 작가가 무엇을 말하고자 하는지 도무지 이해할 수 없기 때문입니다. 아무리 재미있고 신나는 내용들로 차고 넘친다 해도, 주제가 확실하지 않으면 산만한 작품이 될 수밖에 없습니다.

성경의 경우도 마찬가지입니다. 성경에는 모두 몇 개의 이야기가 있을까요?

창조, 노아의 방주, 바벨탑, 아브라함과 이삭, 야곱, 요셉, 모세 등 누구나 알고 있는 이야기들만을 골라낸다 해도, 그 수가 최소한 백 개는 넘을 겁니다. 그러나 성경 66권은 "단 하나의 거대한 이야기"

입니다. 즉 성경에는 창세기부터 요한계시록까지 전체를 관통하는 하나의 큰 "주제"가 있습니다.

따라서 성경이 말하는 복음이 무엇인지 알기 위해 우리는 성경 전체를 관통하는 주제가 무엇인지를 알아야 합니다. 그렇게 해야, 우리는 비로소 성경 전체의 이야기를 제대로 이해할 수 있고 성경을 바르게 해석할 수 있습니다.

## 예수 천당, 불신 지옥?

만약 기독교인이시라면, 당신은 "복음"이 무엇이라고 설명하시겠습니까?

가장 먼저 떠오르는 것은 아마도 『사영리』(네 가지 영적 원리) 혹은 『다리 전도』와 같은 작은 소책자가 아닐까 생각합니다. 아니면 역이나 터미널에서 "예수 천당, 불신 지옥"을 외치는 분들의 메시지를 떠올리실 수도 있을 겁니다. 이와 같은 "구속사적(구원사적) 관점"은 하나님께서 아들 예수를 세상에 보내시어 죄인들을 구원하셨다는 사실에 초점을 두고 복음을 설명합니다.

"네 가지 영적 원리"(The Four Spiritual Laws)라 불리는 사영리의 내용을 간추리면 다음과 같습니다.

제1원리. 하나님은 당신을 사랑하시며, 당신을 위한 놀라운 계획을 가지고 계십니다.

제2원리. 그러나 사람은 죄에 빠져 하나님으로부터 떠나 있기 때문에 하나님의 사랑과 계획을 알 수도 없고, 그것을 체험할 수도 없습니다. 하나님과 사람 사이에는 커다란 간격이 생겼습니다.

**제3원리.** 하나님은 그의 아들이신 예수 그리스도를 이 세상에 보내어 우리를 대신해 십자가에서 죽게 하심으로, 우리의 죗값을 담당케 하시고 하나님과 우리 사이에 다리를 놓아 주셨습니다.

**제4원리.** 우리 각 사람은 예수 그리스도를 "나의 구주, 나의 하나님"으로 영접해야 합니다. 그러면 우리는 우리 각 사람에 대한 하나님의 사랑과 계획을 알게 되며, 또 그것을 체험하게 됩니다.

1965년에 단일 책자로 인쇄된 사영리는 전 세계 주요 언어로 배포되어 사용되고 있습니다. 사영리를 통해 전 세계 수많은 분이 예수님을 구주로 영접하고 하나님의 자녀가 되었습니다. 짧은 시간 안에 효과적으로 복음을 제시하고 전도하기 위한 수단으로, 『사영리』나 『다리 전도』와 같은 소책자들은 유용하고 효과적인 기독교의 유산입니다.

그러나 문제는 "복음=사영리"라는 등식이 기독교 내에 팽배해 있다는 사실입니다. "구속사(구원사)" 관점에서 설명한 복음은 하나님의 구원 사역의 "의도"를 온전히 드러내지 못하고 있습니다. "복음=사영리"라는 등식에 기초한 복음은 (물론 하나님의 은혜로 가능한 일이지만) "예수 믿고 천국 가는 것이 복음의 핵심"이라고 믿을 수밖에 없는 구조입니다.

사영리와 같은 전도 소책자가 설명하는 "복음"은 하나님의 입장이 아닌 "인간의 입장"에서 해석한 복음입니다. 매트 챈들러(Matt Chandler) 목사는 『완전한 복음』에서 이 둘의 차이를 이렇게 설명합니다.

> 뉴욕 맨해튼의 거리를 보는 방식은 두 가지가 있습니다. 일단 내가 직접 거리를 걸으면서 보는 방법이 있습니다(Ground View). 이렇게 하면 맨해튼 거리에 무엇이 있는지를 자세히 볼 수 있습니다. 그러나 맨해튼의 거리를 보는 또 다른 방식은 헬리콥터를 타고 공중에서 내려다 보는 것입니다(Air View). 이렇게 하면 맨해튼 거리의 세세한 모습은 볼 수 없지만, 맨해튼의 전경을 볼 수 있습니다.

복음도 마찬가지입니다. 우리에게 익숙한 복음, 즉 땅에서 본 (Ground View) 복음은 인간의 입장에서 이해한 복음입니다. 그러나 하나님의 관점과 입장에서 복음을 보게 되면(Air View), 복음의 스케일은 온 우주로까지 무한대로 확장됩니다. 하나님의 관점에서 본 복음에도 예수 그리스도의 십자가 죽음과 부활이 포함되어 있습니다. 그러나 하나님의 관점에서 내려다 본 복음은 태초에 하나님께서 창조하신 "에덴 동산"부터 장차 회복될 "새 하늘과 새 땅"에 관한 약속을 모두 포괄하는 "전 우주적" 차원의 구원을 말합니다.

이제 우리는 인간의 관점에서 본 "복음"에서 하나님의 관점에서 본 "복음"을 이해하는 데까지 나아가야 합니다. 하나님께서 당신의 백성들을 선택하시고 구원하신 "하나님의" 목적을 알아야 합니다. 왜냐하면, 그리스도인들은 바로 "하나님의 목적(End)"을 위해 지음 받았고 구원받았기 때문입니다.

## 언약을 통해 예언된 복음

성경은 크게 구약(舊約, Old Testament)과 신약(新約, New Testament) 두 부분으로 구성되어 있습니다. Testament라는 단어의 의미는 "언약, 계약, 약속"입니다. 한마디로 성경은 "약속에 관한" 책입니다. 구약성경에는 하나님께서 주신 약속(Promise)이 기록되어 있고, 신약성경에는 구약에서 주어진 약속이 어떻게 성취(Fulfilment) 되었는지가 기록되어 있습니다.

그렇다면 구약성경이 말하고 있는 약속은 "무엇에 관한" 약속이었을까요?

또한, 신약성경이 말하고 있는 "약속의 성취"는 무엇에 관한 것일까요?

먼저 구약성경에 나오는 "약속-언약"에 대해 살펴보겠습니다. 구약성경에는 크게 세 가지의 언약이 나옵니다.

### 첫째, "아담 언약"입니다.

> 내가 너로 여자와 원수가 되게 하고 네 후손도 여자의 후손과 원수가 되게 하리니 여자의 후손은 네 머리를 상하게 할 것이요 너는 그의 발꿈치를 상하게 할 것이니라 하시고(창 3:15).

이 말씀은 "원시 복음"(Original Gospel)이라 불립니다. 하나님께서는 범죄한 인간에게 여자의 후손과 사탄이 원수지간이 될 것이라고 말씀하셨습니다. 그 여자의 후손은 사탄에 의해 발꿈치가 상하게 될 것이지만, 사탄은 그 머리가 박살나게 될 것이라는 약속입니다. 여기서 여자의 후손은 마리아의 몸을 통해 이 땅에 인간으로 오신 예수 그리스도입니다. 이처럼 예수님은 어느 순간 갑자기 이 땅에 오신 것이 아닙니다. 예수님은 이 땅에 죄가 들어온 바로 그 시점에서부터 이 땅에 보냄을 받을 준비를 하고 계셨습니다.

**둘째, "아브라함 언약"입니다.**

> 여호와께서 아브람에게 이르시되 너는 너의 고향과 친척과 아버지의 집을 떠나 내가 네게 보여 줄 땅으로 가라 내가 너로 큰 민족을 이루고 네게 복을 주어 네 이름을 창대하게 하리니 너는 복이 될지라 너를 축복하는 자에게는 내가 복을 내리고 너를 저주하는 자에게는 내가 저주하리니 땅의 모든 족속이 너로 말미암아 복을 얻을 것이라 하신지라 (창 12:1-3).

이 말씀은 바벨탑 사건 후에 하나님께서 아브라함을 선택하여 부르셨을 때에 주신 약속입니다. 하나님께서는 아브라함에게 "복"을 주시면서, 동시에 "복의 근원"이 되라고 명령하셨습니다.

그렇다면 "땅의 모든 족속"이 아브라함으로 인해 얻게 될 복은 무엇이었을까요?

바로 아브라함을 통해 태어나실 예수 그리스도께서 주실 "구원의 은혜"입니다. 하나님께서 아브라함에게 주시겠다 하신 "복"의 본질은 바로 "아담 언약"에서 주신 것과 동일한 것이었습니다.

셋째, "다윗 언약"입니다.

> 네 수한이 차서 네 조상들과 함께 누울 때에 내가 네 몸에서 날 네 씨를 네 뒤에 세워 그의 나라를 견고하게 하리라 그는 내 이름을 위하여 집을 건축할 것이요 나는 그의 나라 왕위를 영원히 견고하게 하리라... 네 집과 네 나라가 내 앞에서 영원히 보전되고 네 왕위가 영원히 견고하리라 하셨다 하라 (삼하 7:12-13, 16).

하나님께서는 다윗의 나라와 왕위가 영원히 견고하게 서도록 하시겠다고 약속하셨습니다. 하나님께서는 또한 다윗의 계보를 따라 태어날 후손을 통해 당신의 집(성전)을 건축하실 것이고 "하나님 나라"를 견고하게 하실 것이라고 약속하셨습니다.

이 약속들을 성취하게 될 다윗의 후손은 누구일까요?

바로 아브라함과 다윗의 후손으로 이 땅에 오신 예수 그리스도입니다.

## 예수 그리스도께서 선포하신 복음

지금까지 살펴본 "아담 언약, 아브라함 언약, 다윗 언약"은 모두 예수 그리스도에 관한 하나님의 약속이었습니다. 하나님께서는 창세부터 아브라함과 다윗의 계보를 통해 당신의 독생자 예수 그리스도를 이 땅에 보내기로 작정하셨습니다. 그리고 실제로 예수님께서는 인간의 모습으로 이 땅에 오셨습니다. 우리는 이것을 "성육신"(Incarnation)이라고 부릅니다. 구약에서 약속하신 "구원자"(헬라어로 "그리스도", 히브리어로 "메시아")에 관한 약속들은 예수님을 통해 성취되었습니다.

그런데 하나님께서는 왜 창세 때부터 인간에게 언약을 주셨을까요?
왜 예수님께서는 이 땅에 오셨을까요?
언약의 성취를 통해 이루시고자 했던 하나님의 목적은 무엇이었을까요?

그 답은 바로 "나는 이것을 위해 이 땅에 왔다!"라고 예수님께서 직접 밝히신 말씀에서 찾을 수 있습니다. 예수님의 "첫" 설교라 불리는 마가복음 1장 15절입니다.

> 이르시되 때가 찼고 하나님 나라가 가까이 왔으니 회개하고 복음을 믿으라 하시더라 (막 1:15).

이 말씀의 가장 "핵심적인 구절"은 무엇일까요?
혹시 "회개하고 복음을 믿으라"?
정확하게 아닙니다. "회개하고 복음을 믿으라"는 말씀은 너무나 중요합니다. 그러나 예수님께서 선포하신 복음의 핵심은 바로 **하나님 나라가 가까이 왔다**입니다. 이제 드디어, 하나님께서 정하신 때, 하나님 나라를 이 땅에 가져오기로 하신 때가 가까이 왔기 때문에 지체하지 말고 "회개"함으로 하나님 나라에 속한 사람이 되라는 것이 예수님께서 선포하신 복음이었습니다.

만약 "회개하고 복음을 믿으라"에 방점을 찍으면, 예수님께서 선포하신 "하나님 나라"보다는 "예수 천당, 불신 지옥"에 더 집중하기가 쉽습니다. 그러나 "하나님 나라"가 바로 복음의 핵심 DNA이고 성경 전체를 관통하는 주제입니다. 예수님께서 선포하신 "하나님 나라"는 우리가 흔히 생각하는 "천당"이 아닙니다. 성경이 말씀하는 "하나님 나라"는 이 세상에서는 볼 수도 경험할 수도 없고, 오로지 죽은 후에만 갈 수 있는 저 우주 어딘가에 있을지 모르는 "사후 세계"가 결코 아닙니다.

만약 기독교 복음이 "저 세상에서의 행복"에 관한 것이라면, 굳이 이 세상에서 힘들게 교회 생활을 할 필요가 없습니다. 죽기 직전 적당한 때에 "영접 기도"를 하고 천당에 가기 위한 티켓을 확보하기만 하면 됩니다. 아니, 몇 마디 안 되는 "영접 기도"를 따라 하기만 하면, 그것으로 충분할 수도 있습니다.

초대 교회 시대부터 오늘까지, 수많은 사람이 예수님께서 선포하신 "하나님 나라"에 관한 복음을 위해 자신의 목숨을 던졌습니다. 그들이 전하고자 했던 복음은 "이 세상에서의 성공"에 관한 것이 아니었습니다. 만약 기독교 복음이 이 세상에서의 성공에 관한 것이었다면, 자신의 목숨을 내어놓으면서까지 복음을 전하는 일은 그 자체로 "자기 모순"입니다.

## 창조-타락-구속-회복

"복음의 축소주의"란 말이 있습니다. 예수님께서 선포하신 하나님 나라를 죽어서 가는 "천당"으로 바꾸고(치환), 각 개인의 "영혼 구원"을 위한 회개만을 강조하는 것이 바로 "복음의 축소주의"입니다.

"축소된 복음"은 "회개하여 예수 믿고, 이 땅에서도 잘 먹고 잘 살다가", 죽어서 천국 갑시다"라는 식으로 복음을 전파합니다. "긍정적 사고, "긍정의 힘"으로 유명한 미국의 로버트 슐러 목사와 조엘 오스틴 목사는 복음을 "개인의 유익"을 위한 것으로 축소시킨 대표적인 사람들입니다. 그들이 전하는 복음은 "예수를 믿으면, 부자도 될 수 있고, 건강도 얻을 수 있고, 인생의 행복도 얻을 수 있다"는 내용으로 가득합니다.

그러나 예수님께서 선포하신 "하나님 나라"는 죽어서 가는 "천당-낙원"이 아닙니다. 하나님 나라는 하나님께서 친히 "왕"이 되셔서 통치하시는 나라입니다. 천지를 지으신 하나님께서 직접 통치하시는 나라, "회복된 에덴 동산, 새 하늘과 새 땅"이 바로 "하나님 나라"입니다.

| 창조<br>Creation | 타락<br>Fall | 구속<br>Redemption | 회복(재창조)<br>Restoration |
|---|---|---|---|
| ○ | ● | ◐ | ○ |
| 창세기 1-2 | 창세기 3 | 창세기 3~<br>요한계시록 20 | 요한계시록<br>21-22 |

[도표 3. 기독교 세계관의 네 가지 키워드]

위 그림에서 보시는 것처럼 이 세상이 창조되었을 때에는 "어두움"(죄)이 없었습니다. 그러나 타락한 인간으로 인해, 모든 피조 세계는 "어두움"(죄의 저주)에 "의해 완전히 정복당했습니다. 창조주이신 하나님께서는 모든 피조 세계를 "구속"(구원)하시기 위해 예수 그리스도를 이 땅에 보내셨습니다. 그리하여 이 세상에 하나님 나라가 "부분적"으로 "이미" 시작되었습니다.

하나님 나라는 이 땅에서 경험하고 누릴 수 있는 나라이고, 예수님께서 이 땅에 다시 오시는 날에 100퍼센트 완성될 나라입니다. 기독교가 말하는 복음은 바로 이 "하나님 나라"가 예수 그리스도의 죽음과 부활을 통해 이미 이 땅 위에서 시작되었고, 그분께서 다시 세상에 오시는 날에 그 나라가 완성되리라는 희망찬 "복된 소식"입니다.

하나님 나라의 회복을 통해 하나님께서 이루고자 하신 가장 궁극적인 목적은 바로 "**하나님의 영광**"입니다.

> 이 백성은 내가 나를 위하여 지었나니 나를 찬송하게 하려 함이니라 (사 43:21).

하나님께서 인간을 지으신 목적은 바로 "하나님을 찬송하게 하기 위함"이었습니다. 언뜻 보면, 하나님께서 자기의 유익만을 추구하는 매우 이기적인 존재로 비춰질 수 있습니다. 그러나 하나님께서는 일방적이고 강제적으로 인간의 예배를 요구하지 않으십니다. 타락 이전의 에덴 동산에서 볼 수 있는 것처럼 하나님께서는 피조물 인간과 인격적인 관계를 맺으시고 인간에게 복을 주셨습니다. 하나님의 복을 누리는 인간이 하나님을 예배하는 것은 자연스러운 반응입니다.

하나님께서는 인간에게 복을 주시고, 인간은 하나님께 영광을 돌리는 것이 "하나님 나라의 질서"였습니다.

성경의 가장 마지막 책 요한계시록 7장 9-10절입니다.

> 이 일 후에 내가 보니 각 나라와 족속과 백성과 방언에서 아무도 능히 셀 수 없는 큰 무리가 나와 흰 옷을 입고 손에 종려 가지를 들고 보좌 앞과 어린 양 앞에 서서 큰 소리로 외쳐 이르되 구원하심이 보좌에 앉으신 우리 하나님과 어린 양에게 있도다 하니(계 7:9-10).

이 말씀은 예수님께서 다시 오셔서 하나님 나라를 완성하셨을 때 있을 일을 묘사합니다. 각 나라와 족속과 백성과 방언에서 아무도 능히 셀 수 없는 큰 무리가 하나님과 예수님께 나아와서, 이렇게 예배합니다.

> 구원하심이 보좌에 앉으신 우리 하나님과 어린 양에게 있도다(계 7:10).

회복된 하나님 나라, 새 에덴 동산에서는 예배가 회복됩니다. 왜냐하면, 하나님과 모든 피조물의 관계가 회복되기 때문입니다. 하나님께서 원래 디자인하신 "하나님 나라의 "궁극적인 지향점"은 바로 "하나님의 영광"입니다. 하나님께서는 당신의 영광을 위해 천지를 창조하시고, 모든 피조물에게 복을 주셨기 때문입니다.

이렇게 볼 때, "하나님 나라"는 성경이 말씀하는 복음을 이해하기 위한 키워드임을 알 수 있습니다. 제가 고안한 "가스펠 써클"(Gospel Circle)은 하나님 나라를 중심으로 어떻게 복음을 조망할 수 있는지를 요약적으로 보여 줍니다.

## 가스펠 써클(Gospel Circle)

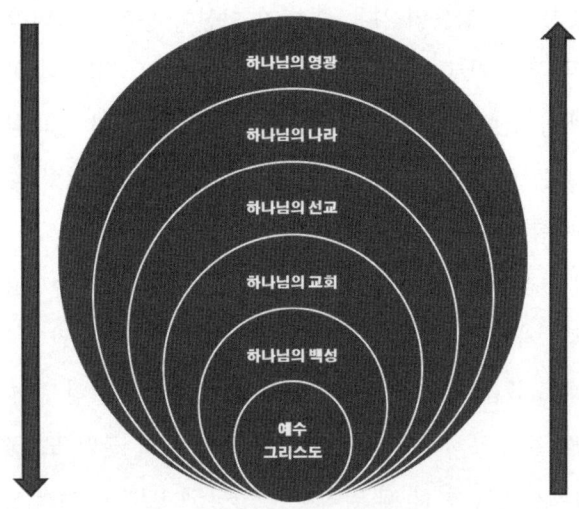

[도표 4. 가스펠 써클(Gospel Circle)]

먼저 위에서 아래로 향하는 화살표의 방향을 따라 살펴보겠습니다. 하나님의 궁극적인 목적인 "하나님의 영광"은 바로 "하나님의 나라"에서만 구현될 수 있습니다. 그러나 이 하나님의 나라는 죄로 인해 손상되었습니다. 하나님께서는 손상된 당신의 나라를 그냥 포기하실 수도 있으셨습니다. 그러나 자비로우신 하나님께서는 손상된 당신의 나라를 회복하기로 작정하시고, 이 세상 가운데 새로운 역사를 써 내려가기 시작하셨습니다. 우리는 이것을 "하나님의 선교"(*missio Dei*)라고 부릅니다.

하나님께서는 당신의 선교를 감당할 대리자(Agent)를 이 땅에 세우셨는데, 그것은 바로 "하나님 나라에 속한 백성들"의 공동체인 "하나님의 교회"입니다. "하나님의 백성"들은 "예수 그리스도"의 죽으심과 부활하심을 믿고, 회개하고 돌이켜 자기 삶의 모든 주도권을 하나님께 드린 사람들입니다. 즉 자기 자신의 통치가 아니라 "하나님의 통치"를 받기로 작정하고 그렇게 살아 가는 사람들이 바로 "하나님의 백성"들이고 그들의 공동체가 "하나님의 교회"입니다. 그러므로, 교회는 하나님의 나라 "때문에" 존재하고, 하나님의 나라를 "위해" 존재합니다.

이제 아래에서 위로 향하는 화살표의 방향을 따라가 보겠습니다. 하나님의 외아들 "예수 그리스도"께서는 하나님의 구원 사역을 위해 이 땅에 오셨습니다. 예수님께서 이 땅에 계시는 동안 "하나님 나라의 복음"을 선포하시면서 "하나님의 백성"들을 불러 모으셨습니다. 예수님께서 승천하실 때 약속하신 성령(하나님의 영)께서 당신의 백성에게 강력하게 임하셨을 때, 마침내 "하나님의 교회"가 태어났습니다.

이 "하나님의 교회"는 오직 "하나님의 나라"를 완성해 가시는 "하나님의 선교"를 감당해야 하는 사명을 위해 "부름" 받고 또 "보냄" 받았습니다. "하나님 나라에 속한 백성들"의 공동체인 "하나님의 교회"는 "하나님의 선교"에 동참함으로서 예수님의 재림 때 온전히 완성될 "하나님의 나라"에서 "하나님의 영광"에 참여할 수 있습니다.

요컨대, 복음은 "하나님 영광을 위한 하나님의 나라"에서 시작되었고, 또 "하나님 영광을 위한 하나님의 나라"를 지향하고 있습니다. 이와 같은 복음의 큰 그림을 마음속에 기억하시면서, 이제 본격적으로 하나님 나라의 관점으로 "복음"이 무엇인가에 대해 함께 알아보겠습니다.

## 소그룹 나눔을 위한 질문

1. "하나님 나라"에 대해 새롭게 알게 되었거나 가장 중요하다고 생각되었던 것은 무엇입니까?

2. 당신이 기존에 알고 있던 복음과 "하나님 나라의 복음" 사이에 어떤 공통점과 차이점이 있습니까?

3. "성경의 이야기는 하나"라는 사실이 성경과 복음을 이해하는 데 있어서 왜 중요하다고 생각합니까?

4. "하나님 나라의 복음"은 당신의 일상-가정, 직장, 관계 등-에 어떤 모양으로 영향을 끼칠 수 있다고 생각합니까?

## 2
### 발단: 창조와 하나님 나라

어떻게 보면 기발하기도 하지만, 또 어떻게 보면 황당하기까지 한 "발명품"을 보신 적이 있을 겁니다. 어떤 발명품은 보기만 해도 한눈에 그 용도를 알 수 있습니다. 그러나 발명가의 설명없이는 도무지 그 용도를 알 수 없는 발명품들도 많이 있습니다. 우리가 한눈에 그 목적을 이해할 수 있든 없든 간에 발명가는 어떤 목적을 가지고 새로운 발명품을 만들어 냅니다. 그리고 때때로 우리는 발명가의 설명을 필요로 합니다.

하나님께서는 이 세상을 창조하셨습니다. 그런데 하나님께서는 이 세상을 아무런 목적 없이 심심풀이로 이 세상을 창조하시지 않았습니다. 하나님께서는 분명한 목적을 가지고 이 세상을 창조하셨습니다. 그러나 피조물인 우리 인간 스스로 하나님의 창조 목적을 이해할 수 없습니다. 발명가의 설명 없이 발명품에 대해 알 수 없는 것과 같은 이치입니다. 따라서 하나님의 창조 의도를 이해하면, 창조의 완성을 통해 이루고자 하셨던 하나님의 꿈, 하나님의 "궁극적인 목적"에 대해서도 알 수 있습니다.

하나님께서는 어떤 세상을 만들고자 하셨을까요?
창세기는 이렇게 시작합니다.

태초에 하나님이 천지를 창조하시니라 (창 1:1).

캄캄한 무대 위로 스포트 라이트가 비춰집니다. 그리고 연극 무대의 막 사이로 화가 모자를 쓴 누군가가 나타납니다. 바로 연극의 극본을 쓴 작가입니다. 그는 연극이 시작되기 전에, 자신이 쓴 연극의 기획 의도에 대해 설명합니다. 그리고는 드디어 막이 오릅니다.

창세기 1장 1절이 마치 이와 같습니다. 천지를 지으신 하나님께서 무대 위로 나오셔서 "내가 이 모든 세상을 지었다"라고 선포하십니다. 66권에 이르는 대하 드라마의 시작을 알리는 이 말씀은 앞으로 전개될 인류의 역사는 당신의 창조 목적을 따라 큰 물줄기를 만들면서 흘러갈 것을 암시하는 선언입니다.

영어로 역사는 "History"입니다. 이 단어를 잘 뜯어 보면, "His"(그의)와 "Story"(이야기)의 결합인 것을 알 수 있습니다. 하나님의 이야기가 곧 "역사"(History)입니다. 인류의 역사는 곧 천지를 지으신 하나님의 이야기입니다. 하나님께서는 오늘도 친히 모든 인류의 역사를 써 내려가고 계십니다.

## 창조주의 피조물에 대한 소유권

2008년 소더비 경매장에서 세상을 들썩하게 만드는 한 사건이 일어났습니다. 영국의 거리 예술가 뱅크시(Banksy)의 작품 〈풍선과 소녀〉(Girl With Balloon)가 140만 달러(약 16억원)에 낙찰된 직후, 액자 프레임 뒤에 설치된 기계 장치에 의해 잘게 파쇄되었습니다. 낙찰과 동시에 작품이 훼손되자, 경매장은 충격에 휩싸였습니다.

뱅크시가 이렇게 자신의 작품을 파쇄할 수 있었던 이유는 무엇일까요?

바로 16억짜리 그림에 대한 "소유권"이 아직은 그에게 있었기 때문입니다.

"소유권"의 사전적 의미는 "물건을 전면적으로 지배할 수 있는 권리, 물건을 만든 사람이 갖는 권리"입니다. 예를 들어, 새로운 발명품이 있습니다.

이 물건에 대한 소유권은 누구에게 있습니까?

바로 새로운 발명품을 만들어 낸 발명가에게 있습니다.

그렇다면 우리의 삶에 대한 소유권은 누구에게 있을까요?

인류의 기원에 대한 두 가지 이론들을 살펴보면 우리는 이 질문에 대한 답을 찾을 수 있습니다. 인류의 기원에 대한 이론은 크게 "창조론"과 "진화론"이 있습니다.

만약 여러분이 진화에 의해 생긴 "우연의 산물"이라면, 죄송하지만, 여러분의 인생에 어떤 존엄성이 있을 수 있을까요?

진화론이 말하는 대로 만약 인간이 우연히 이 세상에 던져졌고 언젠가 다시 흙으로 돌아갈 수밖에 없는 존재라면, 그러한 인생에 얼마만큼의 가치를 부여할 수 있을까요?

만약 인간이 우연의 산물이라면, 생명 경시 풍조는 더 만연하게 될 것이고, 삶에 대한 허무주의 역시 더 강화될 수밖에 없습니다.

그러나 창조론을 인정하게 되면, 이야기는 전혀 달라집니다. 만약 인간이 창조된 존재(피조물)라면, 우리의 인생에 대한 소유권은 우리 자신에게 있지 않습니다. 그 소유권은 전적으로 하나님께 속해 있습니다. 왜냐하면, 하나님께서 인간을 창조하셨기 때문입니다.

우리 각자에게 주어진 생명은 하나님께서 맡기신 "위탁물"입니다. 하나님께서 모든 인간을 당신의 형상대로 지으셨다면, 인간은 "하나님의 피조물"이면서 동시에 "하나님의 소유된 백성"이 됩니다. 그렇기 때문에 우리 인간은 "위대한 존엄성"을 가질 수 있고, 동시에 하나님께 전적으로 의지하는 "깊은 겸손"을 가져야 합니다.

### 던져졌는가, 보냄 받았는가?

하나님께서는 당신의 형상(Image)대로 인간을 지으셨습니다. 그런데 하나님께서는 에덴 동산 밖에서 아담을 창조하시고, 그를 에덴으로 데리고 오셨습니다.

> 여호와 하나님이 에덴에 동산을 창설하시고 그 지으신 사람을 거기 두시고 (창 2:8).

이 구절을 영어로 보면, 그 뜻이 더 명확해집니다.

> Then the LORD God planted a garden in Eden in the east, and there he placed the man he had made.

"And there he placed the man he had made."

하나님께서는 당신과 교제하면서 당신의 복을 누릴 수 있는 "특별한 장소"를 먼저 마련해 놓으셨습니다. 그리고 나서, 당신의 형상대로 지음 받은 피조물 "인간"을 그곳으로 데리고 오셨습니다.

> 그분은 인류의 모든 족속을 <u>한 혈통으로</u> 만드셔서, 온 땅 위에 살게 하셨으며, <u>그들이 살 시기와 거주할 지역의 경계를</u> 정해 놓으셨습니다
> (행 17:26, 표준새번역).

하나님께서는 모든 인류를 한 혈통에서 나게 하셨고, 그들이 온 땅 위에 흩어져서 살게 하셨습니다. 그리고 모든 사람은 "아무 때, 아무 곳"에서 살도록 던져진 것이 아니라, 하나님께서 친히 예비해 놓으신 때와 장소에서 살도록 계획되었습니다. 우리 각자는 자신이 살고 있는 때와 장소에 우연히 던져지지 않았습니다. 우리는 하나님께로부터 "보냄"(파송)을 받았습니다.

## 보냄을 받은 인류가 해야 할 일

우리가 특정한 사람들을 선별해서 특별한 때에 특별한 곳으로 그들을 보낼 때에는 어떤 구체적인 "목적과 사명, 임무"를 이루기 위함입니다. 예를 들어, 북한에 파견되는 대통령 특사는 남북 간의 긴장을 완화하고 통일을 위한 의미 있는 일을 도모하라는 막중한 목적과 임무를 수행해야 합니다.

하나님의 형상대로 지음을 받고 하나님께서 미리 준비하신 곳에 보냄을 받은 최초의 인간에게는 창조주가 부여하신 사명과 목적이 있었습니다. 일차적으로 그들은 창조주인 하나님과 더불어 관계를 맺고 하나님과 교제하면서, 하나님께 영광을 돌려야 했습니다. 이것은 마치, 부부 간의 사랑의 열매로 태어난 자녀들은 그저 잘 먹고, 잘 자고, 잘 성장하면서, 부모님과 좋은 관계를 맺고, 부모님의 기쁨이 되어야 하는 것과 같은 이치입니다. 이것은 부담감을 갖고 해야 하는 "일-의무"가 아니라, "부모-자식"이라는 관계 안에서 자연스럽게 발생하는 "삶의 원리"입니다. 부모는 자녀를 잘 돌보고, 자녀는 부모의 사랑에 감사하는 것은 보편적 윤리입니다.

> 그들이 날이 서늘할 때에 동산에 거니시는 여호와 하나님의 음성을 듣고 (창 3:8a).

타락 이전에, 하나님께서는 에덴 동산에서 인간과 더불어 사랑을 나누고 교제하는 관계를 맺기 원하셨습니다. 그러나 하나님과 더불어 교제하는 것 외에, 인간에게 주어진 사명이 있었습니다.

> 여호와 하나님께서 흙으로 지으신 들의 모든 짐승과 공중의 모든 새를 아담에게 이끌고 가셔서, 아담이 그것들의 이름을 어떻게 짓는지를 보셨습니다. 아담이 모든 생물의 이름을 지어 부르면, 그것이 곧 그것들의 이름이 되었습니다(창 2:19, 쉬운 성경).

하나님께서 인간에 주신 첫 사명은 바로 천지 만물에 이름을 붙여 주는 일이었습니다. 과학자는 자기가 본 것을 관찰하고 생각하고 설명합니다. 각 피조물에게 이름을 부여했던 아담은 각각의 것들을 관찰하고 생각하면서, 그들의 특징에 알맞은 이름을 지었습니다. 이것이 바로 인간에게 주어진 최초의 노동입니다. 아담은 각 피조물에게 이름을 부여하는 "하나님의 일"에 "동참"하도록 초대되었습니다. 따라서 애초에 노동은 하나님의 선물이었습니다. 노동은 타락 이후에 하나님의 저주를 받아 생긴 것으로 생각하기 쉽습니다.

그러나 노동은 인류의 타락 이전부터 존재했습니다. 하나님께서는 아담을 동물들에게 데리고 가셨고, 그것들의 이름을 지어 주라고 명령하셨습니다. 하나님께서는 아담에게 일을 부여하시고, 그가 어떻게 이름을 짓는지를 보셨습니다. 하나님께서는 아담이 매일 하는 일들에 대해 관심을 갖고 계셨습니다. 이것은 우리에게 매우 중요한 교훈을 줍니다. 우리의 "일상, 일터, 삶의 현장"은 바로 하나님께서 우리 각 사람에게 임무(Mission)를 띠고 보내신 "선교 현장"(Mission field)입니다. 우리 각자는 세상이라는 "하나님의 작업실"에서 하나님과 함께 일하도록 "부름"(Called) 받고 또한 "보냄"(Sent) 받았습니다.

## 창조에 드러난 하나님 나라의 원형

초등학교 시절 배운 "나라의 3요소"를 기억하십니까? 바로 "국민, 주권, 영토"입니다. 그 나라가 세워지기 전에 선행되는 것은 바로 나라의 근간이 되는 "헌법"을 제정하는 일입니다. 누가 국민이고, 어디서부터 어디까지가 영토이고, 주권이 누구에게 있는지를 정의해 주는 헌법이 없으면, 한 나라의 존재 근거가 없기 때문입니다. 그래서 1948년 7월 17일 제헌헌법이 먼저 공포되고 나서, 1948년 8월 15일 대한민국 정부가 수립되었습니다.

| 인간의 나라 (3요소) | 하나님 나라 (3요소) |
|---|---|
| 주권 | 하나님 (창조주) |
| 국민 | 하나님 나라 백성 |
| 영토 | 모든 피조 세계 (하늘과 땅) |
| **헌법**에 의해 규정 | **언약**에 의해 규정 |

[도표 5. 인간의 나라와 하나님의 나라 비교]

그런데 인간 나라의 구성 3요소가 하나님 나라에도 동일하게 적용됩니다. 에덴 동산은 하나님 나라의 원형을 보여 주는 모델입니다. 즉 하나님 나라는 어떤 곳이고, 어떤 원리로 어떻게 세워지고 유지되는 곳인지를 보여 줍니다. 이 에덴 동산을 잘 보면, 하나님 나라가 어떤 원리에 의해 세워졌는지 쉽게 알 수 있습니다.

### (1) 하나님 나라의 주권: 온 우주의 창조주이신 하나님

하나님께서는 세상을 말씀으로 창조하셨습니다. 하나님께서 말씀하신 대로, 모든 피조물이 창조되었습니다. 창조주이신 하나님께서는 모든 만물 위에 "주님"(Lord, 통치자)으로 능히 다스리실 권리를 갖고 계십니다.

### (2) 하나님 나라의 백성: 하나님의 형상으로 창조된 인간

고대 근동(대체로 오늘날의 중동에 해당하는 지역)을 통치하던 왕들은 자신들의 직접적인 통치권이 미치지 못하는 먼 지역에 자신들과 닮은 조각상을 세워 놓음으로서 그곳에도 왕의 주권이 미치고 있음을 선언했습니다. 또한, 왕은 "신의 형상"을 가진 것으로 여겨졌습니다. 창세기에 나오는 "형상"은 바로 이러한 고대 근동 지역에서 통용되던 의미를 반영하고 있습니다.

그렇다면 하나님께서 인간을 "당신의 형상"대로 창조하셨다는 것은 어떤 의미일까요?

하나님 나라의 주권자이신 하나님의 형상을 입은 인간은 이 땅에서 하나님의 임재와 통치를 드러내는 "대리자"(Agent)로서의 권한과 책임을 가집니다. 인간은 하나님께서 통치하시는 하나님 나라의 "대리자"인 동시에 하나님 나라의 "백성"으로 창조되었습니다.

### (3) 하나님 나라의 영역: 피조 세계

하나님께서는 에덴 동산을 지으시고, 그곳에서 인간이 거주하도록 디자인하셨습니다. 에덴 동산은 하나님께서 최초의 인간과 더불어 대화를 나누시는 장소이자, 하나님께서 거니시는 장소였습니다. 이렇게 하나님의 임재가 있었던 에덴 동산은 훗날 하나님의 거처인 성전의 모형(원형)이 되었습니다.

### (4) 하나님 나라의 백성이 되기 위한 조건: 언약

하나님께서는 최초의 인간에게 반드시 지켜야 할 "법-언약"을 주셨습니다. 그것은 바로 동산 중앙에 심겨져 있었던 선과 악을 알게 하는 나무의 열매인 "선악과"를 먹지 않는 일이었습니다. 창조주이신 하나님께서는 피조물 인간에게 복을 주시고, 피조물 인간은 창조주의 법에 "순종"함으로서 언약의 관계가 지속될 수 있었습니다.

많은 사람이 "왜 하나님은 선악을 알게 하는 나무를 동산 중앙에 두셨을까"에 대해 궁금해합니다. 누구든지 이런 의문을 가질 수 있습니다.

"만약 선악을 알게 하는 나무를 동산 중앙이 아닌 잘 보이지 않도록 구석에 두셨더라면, 선악과를 먹을 확률이 그만큼 줄지 않았겠는가?"

선과 악을 알게 하는 나무는 하나님과의 언약을 기억나게 하는 "기억 장치"(Reminder)였습니다. 하나님보다 조금 못하게 창조된 인간은 에덴 동산에서 창조주 하나님에 버금가는 권세를 누리며 살고 있었습니다. 그러나 인간은 하나님의 통치를 받아야 하고, 하나님의 법에 순종해야 하는 피조물임을 언제나 기억해야 했습니다. 불순종과 반역으로 이 "언약 관계"가 무너지면, 하나님 나라의 질서는 파괴되고, 인간은 더 이상 하나님 나라에 거할 수 없었기 때문입니다.

## (5) 사명: 하나님 나라를 위한 사역과 의무

대한민국 헌법은 대한민국 국민의 4대 의무를 규정하고 있습니다. 순수 의무인 "국방과 납세"의 의무, 의무이면서도 권리인 "근로와 교육"의 의무가 있습니다. 그 밖에도 자유롭고 정의로운 조국에 대한 충성의 의무, 헌법 준수 의무, 법률을 준수할 의무가 있습니다.

마찬가지로 하나님 나라에 속한 백성들은 이 땅 위에서 하나님의 통치를 드러내야 하는 역할과 사명을 받았습니다. 또한, 인간은 하나님께서 세우신 창조 질서를 유지하고, 하나님의 섭리에 따라 피조 세계를 경작하고 돌보고 확장해야 하는 "의무-사명"을 받았습니다. 하나님의 법에 순종하는 것은 물론이고, 피조물 인간은 세상을 창조하신 하나님의 영광을 이 땅 위에서 "반영"하고 "실현"해야 합니다.

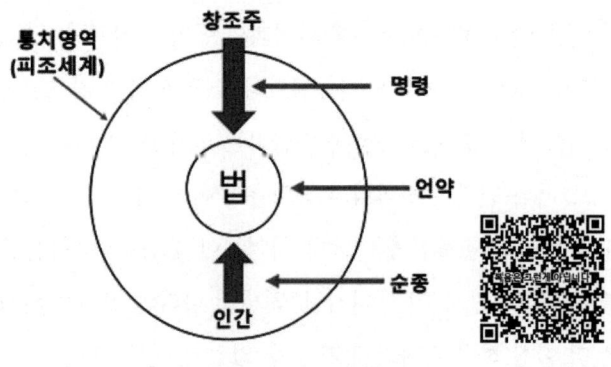

[도표 6. 하나님 나라의 원형]

이와 같이 성경의 창조 이야기는 하나님 나라의 "원형"(Original Model)을 보여 줍니다. 하나님께서는 당신께서 왕이자 통치자로서 우주 만물을 다스리시고, 인간은 주권자이신 하나님의 백성으로서 순종하는 나라를 원하셨습니다. 하나님을 바로 알고, 하나님과 인격적인 관계를 맺고, 하나님만을 예배하며, 그분만을 의지할 때에 하나님께서 주시는 모든 생명과 풍성함을 누리며 복되게 살 수 있는 곳이 바로 "에덴 동산-하나님 나라"였습니다.

그러나 하나님께서 디자인하신 하나님 나라의 원형은 이내 파국의 길로 접어들게 됩니다. 바로 최초의 인간이 하나님의 통치를 거부하고, 창조주에 대항하여 반역의 기치를 들었기 때문입니다.

### 소그룹 나눔을 위한 질문

1. "창조와 하나님 나라"에 대해 새롭게 알게 되었거나 가장 중요하다고 생각되었던 것은 무엇입니까?

2. "태초에 하나님이 천지를 창조하시니라"(창 1:1).
   이 선언은 하나님 나라의 복음을 이해하는 데 있어서
   왜 중요하다고 생각합니까?

3. "창조주가 피조물에 대해 소유권을 갖는다"는 말이 당신에게는 어떻게 다가옵니까?
   인간을 속박하는 창조주의 폭력이라고 느껴집니까, 아니면 인생의 의미와 목적을 이해하는 데 있어서 중요한 출발점이라고 느껴집니까?

4. 창조에 드러난 "하나님 나라의 원형"은 "복음의 사이즈"가 개인적 혹은 종교적 차원에만 국한될 수 없음을 보여 줍니다.
   그렇다면 복음에 대한 당신의 이해(관점)은 어떻게 변해야 한다고 생각합니까?

# 3
## 전개: 타락과 하나님 나라

하나님께서는 만물의 창조주이자 모든 것을 다스리는 주님(Lord, 통치자, 왕)이십니다. 하나님께서 창조하신 세상은 참으로 아름답고 풍성했습니다. 하나님께서는 하나님의 형상대로 창조한 사람을 그곳에 두시고, 당신과 함께 안식, 평안, 샬롬을 누리는 가장 행복한 삶을 살도록 디자인하셨습니다.

하나님께서 친히 다스리시는 세상, 하나님의 형상대로 창조된 인간은 하나님과 함께 거하며 가장 큰 행복과 만족을 누리는 세상, 이것이 바로 "하나님 나라"(The Kingdom of God)입니다.

하나님 나라에는 오직 하나님만이 창조주이시고 다스리시는 주님이심을 믿고 순종하는 사람들만이 거할 수 있습니다. 즉 하나님께서 다스리고 인도하신다는 사실을 믿고, 자발적으로 기쁨 가운데 "순종한" 사람들만이 하나님 나라의 안식을 누리며 살 수 있습니다.

그러나 최초의 사람이자 모든 인류의 대표인 아담과 하와는 하나님 나라에서 쫓겨나고 말았습니다(창 3:23-24).

도대체 최초의 인류에게 어떤 일이 일어났기에, 그들은 그 복된 하나님 나라에서 쫓겨난 것일까요?

## 사탄의 3단계 전략

최초의 인간이 범죄하도록 한 사탄은 뱀의 모습으로 하와에게 찾아갔습니다. 그리고는 3단계를 통해 인간이 하나님의 말씀을 거역하고 반역하도록 유혹했습니다.

### (1) 의문

뱀의 모습으로 하와에게 찾아간 사탄은 그녀에게 이렇게 물었습니다.

> 하나님이 참으로 너희에게 동산 모든 나무의 열매를 먹지 말라 하시더냐 (창 3:1).

사탄은 사람으로 하여금 "하나님의 명확한 명령에 대한 의문"을 품게 했습니다.

### (2) 어림짐작

뱀의 갑작스러운 질문에 대해, 하와는 이렇게 대답했습니다.

> 여자가 뱀에게 말하되 동산 나무의 열매를 우리가 먹을 수 있으나 동산 중앙에 있는 나무의 열매는 하나님의 말씀에 너희는 먹지도 말고 만지지도 말라 너희가 죽을까 하노라 하셨느니라 (창 3:2-3).

그러나 하나님께서는 아담과 하와가 선악과를 먹게 되면, 그들이 반드시 죽게 될 것이라고 분명하게 말씀하셨습니다. 그러나 하와는 "선악과를 먹게 되면 너희가 죽을지도 모른다"라고 하나님께서 말씀하셨다고 말했습니다. "너희가 죽을까 하노라"라는 말은 사실 하와 자신의 어림짐작으로부터 비롯된 말이었습니다.

> 선악을 알게 하는 나무의 열매는 먹지 말라 네가 먹는 날에는 반드시 죽으리라 (창 2:17).

하나님께서는 "불순종"은 곧 죄가 되어, 아담과 하와를 사망에 이르게 할 것이라고 명확하게 말씀하셨습니다. 그러나 사탄은 이 하나님의 말씀이 과장된 것이라고 유혹했습니다.

> 뱀이 여자에게 이르되 너희가 결코 죽지 아니하리라 (창 3:4).

그러면서 사탄은 말했습니다.
"설마 하나님께서 이 일로 너희를 죽이겠는가?
결코 그런 일은 일어나지 않을 것이다."
이렇게 사탄은 하나님의 말씀을 자의적으로 해석하고 어림짐작하도록 만들었습니다.

### (3) 야망

하나님의 말씀에 대한 혼란을 일으키고 어림짐작하게끔 만든 사탄은 이제 인간의 야망을 자극했습니다.

> 너희가 그것을 먹는 날에는 너희 눈이 밝아져 하나님과 같이 되어 선악을 알 줄을 하나님이 아심이라(창 3:5).

사탄은 하와에게 선악과를 먹으면 눈이 밝아져 "하나님과 같이" 될 것이라고 속삭였습니다. 사탄은 "네가 만약 선악과를 먹으면, 네 스스로 선과 악의 기준을 세울 수 있고, 네 삶의 주인은 바로 네가 될 수 있다"라며 인간의 야망에 호소했습니다. 사탄은 "너 자신에게 무엇이 옳은지는 네가 결정해라. 네 삶의 주인과 기준은 바로 너다"라고 하와에게 속삭인 것입니다.

## 사탄의 목적: 하나님의 영광을 가로챔

하나님 나라의 주권자이신 하나님께서는 최초의 인간 아담과 하와에게 순종을 요구하셨습니다. 왜냐하면, 하나님 나라는 하나님의 "주 되심"(Lordship)을 인정하고 순종하는 자만 거할 수 있는 곳이기 때문입니다. 피조물 인간은 창조주 하나님께 순종할 때에만 하나님 나라의 복을 누릴 수 있었습니다.

오늘날의 관점에서 보면, 피조물 인간은 창조주에 의해 노예처럼 억압을 받았다고 생각할 수도 있습니다. 그러나 하나님께서는 하나님 나라에서만 실현 가능한 "복"(안식, 평안, 샬롬)을 주시려는 선한 의도 때문에 인간에게 순종을 요구하셨습니다.

예를 들어 보겠습니다. 아이들이 간식이나 식사를 하기 전에, 부모님들은 아이들에게 먼저 손을 씻으라고 합니다. 자녀들에게 순종을 요구하는 것은 자녀들의 건강을 위한 것이지, 부모의 권위를 내세우기 위함이 아닙니다. 마찬가지로 인간에게 순종은 불쾌하거나 꺼리는 것이 아니라, 오히려 기쁜 일이고 가장 복된 삶을 누리는 길이었습니다. 피조물의 행복과 안식을 위해 하나님께서는 인간에게 순종할 것을 요구하셨습니다. 따라서 인간은 오로지 하나님께 순종함으로, 지극히 큰 복락을 누릴 수 있었습니다.

그러나 사탄은 하나님의 뜻을 왜곡하고 거짓을 말함으로서 하나님께서 모든 피조물을 "위해" 디자인하신 선한 것들을 "거꾸로" 보게 했습니다. 제일 먼저 사탄은 인간에게 하나님께 순종하는 것이 좋지 않게 보이도록 거짓을 말했습니다. 그다음엔, 하나님의 명령이 사람에게 해로운 것이라고 오해하도록 유도했습니다. 그리고는 마침내, 하나님의 주인 되심을 부정하고 사람도 하나님처럼 스스로 주인이 될 수 있다고 유혹했습니다.

사탄은 이런 방식으로 하나님을 대적했습니다. 사탄은 하나님께서 창조하신 이 세상 곧 하나님 나라를 파괴함으로써 하나님의 영광을 가로채고자 했습니다.

## 죄의 본질: 하나님의 주 되심에 대한 거부

하나님의 말씀에 불순종함으로써 인간은 "하나님의 주권", 즉 하나님께서 하나님 나라의 "통치자 되심"을 거부했습니다. 비록 사탄의 유혹을 받긴 했지만, 아담과 하와는 하나님이 어떤 분이신지 잘 알고 있었습니다. 또한, 선악과를 먹지 말라는 말씀까지 생생하게 기억하고 있었습니다. 따라서 그들은 사탄의 유혹을 충분히 이겨 낼 수 있었습니다.

그러나 하나님의 형상대로 창조된 아담과 하와는 스스로 하나님과 같이 되기를 갈망했습니다. 그래서 그들은 하나님의 뜻에 불순종하기로 선택했고, 결국 하나님의 형상을 잃어 버린 존재, 하나님 앞에 나설 수 없는 죄인으로 몰락하게 되었습니다.

"죄의 본질"은 무엇입니까?

바로 "하나님의 주권, 하나님의 주인 되심"에 대한 거부입니다. 영어로 죄는 "S-I-N"입니다. 영어 철자를 보시면, 알파벳 "I"가 중앙에 있습니다. 이와 같이 죄의 본질은 "나 중심성"(I-Centeredness)입니다. 마땅히 하나님께서 계셔야 할 자리를 내가 차지하면서, 하나님의 뜻보다는 내가 원하는 대로 하고자 하는 인간의 본성이 바로 "죄의 본질"입니다.

인간은 본래 하나님의 뜻에 순종하는 삶을 살도록 지음 받았지만, 이를 거부하고 나 스스로 자신과 세상의 주인이 되어 마음대로 살고자 하는 "나 중심성"이 바로 죄의 본질입니다. 우리는 여러 가지 죄악된 행위들을 나열할 수 있습니다. 그러나 그러한 죄의 모습들(Sins)은 죄(Sin)라는 큰 범주 안에 속하는 구체적인 것들입니다.

최초의 인간, 아담과 하와는 에덴 동산에 관한 전권을 위임받았습니다. 그러나 아담과 하와 역시 창조주이신 하나님께 순종해야 하는 피조물에 불과했습니다. 하나님께서는 바로 아담과 하와가 이것을 잊지 않고 "기억하도록" 하시기 위해 에덴 동산 중앙에 선악과를 심어 놓으셨습니다. 아담과 하와는 동산 중앙에 있는 이 선악과를 보면서, 자신들은 "하나님께 순종"해야 하는 피조물임을 늘 기억해야 했습니다. 왜냐하면, **인간은 창조주 하나님께 순종할 때에만 하나님 나라의 복을 누릴 수 있었기 때문입니다.**

하나님의 말씀에 불순종하고 그분의 주권을 거부한 인간의 반역 때문에 하나님께서 만드신 당신의 나라에 죄가 들어오게 되었습니다. 완전하게 거룩한 하나님 나라에는 하나님의 주권을 거부하는 "자기 중심성"이 머물 수 있는 자리가 없습니다.

그래서 최초의 인간은 하나님 나라의 원형이었던 에덴 동산에 더 이상 살 수 없었습니다. 인류는 하나님 나라에 있는 안식과 평안, 샬롬을 상실할 수밖에 없습니다. 죽음을 비롯한 모든 불행은 아담 이후의 인류가 하나님 나라에 더 이상 머물 수 없게 되었기 때문에 초래된 것들입니다. 이처럼 하나님의 주권에 대한 거부의 대가는 너무나 가혹했습니다.

## 한 쪽으로 비켜 나간 저주

하나님은 "공의"(Righteousness)의 하나님이십니다. 그래서 하나님께서는 죄에 대한 대가를 반드시 치르게 하십니다. 인간의 반역으로 인해, 하나님께서 창조하신 모든 피조물은 하나님의 저주를 피할 수 없게 되었습니다. 하나님께서는 먼저 아담과 하와를 유혹한 뱀을 저주하셨습니다.

> 여호와 하나님이 뱀에게 이르시되 네가 이렇게 하였으니 네가 모든 가축과 들의 모든 짐승보다 더욱 저주를 받아 배로 다니고 살아 있는 동안 흙을 먹을지니라(창 3:14).

그 후에 하나님께서는 아담에게 죄에 대한 대가가 무엇인지를 말씀하셨습니다.

> 아담에게 이르시되 네가 네 아내의 말을 듣고 내가 네게 먹지 말라 한 나무의 열매를 먹었은즉 땅은 너로 말미암아 저주를 받고 너는 네 평생에 수고하여야 그 소산을 먹으리라(창 3:17).

인간을 향한 저주에 관한 이 말씀을 자세히 보시면, 조금 이상한 점을 발견할 수 있습니다. **"땅은 너로 말미암아 저주를 받고."**

하나님께서는 뱀을 직접적으로 저주하셨습니다. 그러나 아담의 경우는 조금 달랐습니다. 하나님의 저주가 사람에게 직접 떨어지지 않고, 비켜서 땅에 떨어지게 하셨습니다. 하나님께서는 공의의 하나님이시기 때문에 죄에 대한 대가는 반드시 치러져야 했습니다. 그런데 하나님께서는 마땅히 사람이 받아야 할 저주를 땅이 대신 받도록 하셨습니다.

하나님께서는 아담과 하와에게 "당신의 말씀에 불순종하면 반드시 죽을 것"이라고 말씀하셨습니다(창 2:17). 그러나 자비의 하나님께서는 인간이 아닌 땅이 저주를 받게 하시고, 인간이 아닌 당신의 아들 예수 그리스도가 저주를 받게 하심으로서 인간에 대한 당신의 사랑과 공의를 이루셨습니다.

하나님의 은혜와 자비 때문에 아담과 하와는 "죄의 저주"를 피할 수 있었습니다. 그러나 죄의 결과는 피할 수 없었습니다. 그들은 저주의 영향을 받으면서 살아야 했습니다. 에덴 동산에서 추방 당하기 전에, 그들은 자신들이 벗은 줄을 알고 무화과나무 잎을 엮어 치마로 삼았습니다. 곧 시들어 말라 비틀어질 무화과나무 잎으로는 죄의 더러움과 저주를 가릴 수 없었습니다. 또한, 좌절, 고통, 수치, 기근, 질병, 죽음 등의 삶의 고통을 겪을 때마다, 그들은 땅이 대신해서 받은 저주를 마음으로 되새기면서 살 수밖에 없었습니다.

## 하나님 나라의 회복을 위한 하나님의 계획

하나님 나라 원형인 에덴 동산에 죄가 들어온 후에 하나님께서는 당신께서 직접 악을 멸망시키실 것이라고 공표하셨습니다. 우리는 인간의 타락에 관한 창세기의 기록에서 예수 그리스도에 관한 세 가지의 상징적 암시를 볼 수 있습니다.

### (1) 여자의 후손

성경에 나오는 가장 첫 번째 복음의 형태, "원시 복음"(Original Gospel)이라 불리는 본문이 바로 창세기 3장에 나옵니다. 이 땅에 죄가 들어온 직후, 하나님께서는 당신께 반역한 인간과 그들의 죄로 인해 함께 저주를 받은 모든 피조물을 구원하시고 회복하시기 위한 계획을 선포하셨습니다.

> 내가 너로 여자와 원수가 되게 하고 네 후손도 여자의 후손과 원수가 되게 하리니 여자의 후손은 네 머리를 상하게 할 것이요 너는 그의 발꿈치를 상하게 할 것이니라(창 3:15).

이 말씀에 나오는 여자의 후손은 바로 동정녀 마리아에게서 나신 예수 그리스도입니다. 하나님께서는 사탄이 여자의 후손으로 나신 예수 그리스도의 발꿈치를 상하게 할 것이라고 말씀하셨습니다. 이 일은 예수님께서 십자가에서 죽으심으로 성취되었습니다. 그러나 "여자의 후손이 사탄의 머리를 상하게 하겠다"라고 하신 약속은 예수 그리스도께서 죽으시고 장사된 지 3일 만에 부활하심으로써 성취되었습니다.

### (2) 가죽 옷

하나님께서는 아담과 하와가 에덴 동산을 떠나기 전에, 그들에게 가죽 옷을 지어 입히셨습니다.

여호와 하나님이 아담과 그의 아내를 위하여 가죽 옷을 지어 입히시니라 (창 3:21).

죄가 들어오기 이전까지, 에덴 동산에는 "사망"이 없었습니다. 그러나 최초 인간의 범죄로 인해, 죄의 대가인 "사망"이 들어오게 되었습니다. 아담과 하와는 자신들의 죄에 대한 책임을 지고 마땅히 죽어야 했습니다. 그러나 하나님께서는 아담과 하와의 목숨 대신 다른 피조물의 생명을 취하셨습니다.

하나님께서 아담과 하와에게 입혀 주신 가죽 옷은 바로 어떤 동물의 "피 흘림"을 통해 허락되었습니다. 성경은 하나님께서 어떤 동물의 생명을 취하셔서 아담과 하와에게 가죽 옷을 입혀 주셨는지에 대해서 말하지 않습니다. 다만 하나님께서는 죄를 지은 당사자가 아닌 누군가의 희생의 결과로 인간의 죄가 가려지고 회복될 것을 미리 보여 주셨습니다.

### (3) 화염검

에덴 동산에는 "선악과" 외에 "생명 나무"도 있었습니다. 범죄한 아담과 하와를 에덴 동산에서 쫓아 내시면서, 하나님께서는 이렇게 말씀하셨습니다.

보라 이 사람이 선악을 아는 일에 우리 중 하나같이 되었으니 그가 그 손을 들어 생명나무 실과도 따먹고 영생할까 하노라(창 3:22).

하나님께서는 선과 악에 대한 지식을 얻게 된 인간이 생명나무의 실과를 먹고 그들도 영생하게 될 것을 염려하셨습니다. 그래서 천사(그룹)들로 하여금 화염검을 들고 생명나무의 주위를 두루 돌게 하셨습니다. 이로써 인간이 영생할 수 있는 가능성은 완전히 차단되었습니다.

> 여호와 하나님이 에덴 동산에서 그를 내보내어 그의 근원이 된 땅을 갈게 하시니라 이같이 하나님이 그 사람을 쫓아내시고 에덴 동산 동쪽에 그룹들과 두루 도는 불 칼을 두어 생명 나무의 길을 지키게 하시니라(창 3:23-24).

콜린 스미스 목사는 바로 이 장면을 예수님의 십자가 사역과 연결 지어서 이렇게 설명했습니다.

> 만약 인간이 에덴 동산으로 되돌아 가고자 한다면, 악의 권세로부터 해방되어야 할 뿐만 아니라, 거룩하신 하나님의 심판을 대표하고 있는 화염검과 그룹들을 지나야만 했습니다. 여러분 자신이 에덴 동산 밖에서 아담과 하와 그리고 다른 여러 사람들과 함께, 그룹들과 심판의 무시무시한 검을 보고 있다고 상상해 보십시오.
>
> 그 곳을 바라보고 있을 때, 하나님 앞에서 누군가가 나옵니다. 그분은 우리가 있는 곳으로 와서 우리와 함께 서 계십니다. 그런 다음에, 그분은 화염검을 향해 전진해 가십니다. 우리는 그 광경을 보면서 움츠러들 수밖에 없습니다. 화염검은 두루 돌고 있으며, 그분이 화염검 앞에 도달하셨을 때에, 이제 곧 그분에게 무슨 일이 생길 것인지, 우리는 충분히 짐

작할 수 있습니다. 그러나 그분은 화염검 앞에서 멈추지 않으시고, 계속해서 앞으로 꾸준히, 그치지 않고 걸어가십니다.

마침내, 화염검이 그분이 충돌하는 순간, 그분의 몸에서는 피가 흐릅니다. 화염검의 칼날은 그분의 몸을 뚫고 들어가서, 그분의 생명을 거두어 갑니다. 그러나 그분을 죽인 화염검 역시 산산조각이 난 채로 땅에 떨어집니다. 그의 죽음으로 인해, 다시 하나님 앞에, 하나님 축복 속으로 되돌아갈 수 있는 길이 열리게 되었습니다(『손에 잡히는 성경 이야기』, 53-54).

예수 그리스도께서 십자가에서 죽으셨을 때, 예루살렘 성전에 있던 거대한 성소 휘장은 둘로 갈라졌습니다(마 27:51). 성막의 휘장은 하나님의 임재의 안과 밖을 구분하는 것으로, 에덴 동산에서 추방된 인간의 상태를 상징했습니다. 그 휘장에는 천사들(그룹들)의 형상이 새겨져 있었습니다. 그래서 휘장이 위에서 아래로 찢어졌을 때 그룹들은 둘로 갈라지게 되었고, 하나님의 임재가 있는 지성소로 나아가는 길이 열리게 되었습니다. 예수 그리스도의 죽음 때문에 인간에게는 다시 "에덴 동산-하나님 나라"로 들어갈 수 있는 길이 열리게 되었습니다.

## 소그룹 나눔을 위한 질문

1. "타락과 하나님 나라"에 대해 새롭게 알게 되었거나 가장 중요하다고 생각되었던 것은 무엇입니까?

2. 우리 인간을 유혹하는 "사탄의 3단계 전략"이 당신의 삶 속에서는 어떤 모습으로 나타나고 있습니까?
   그러한 유혹을 피하거나 이기기 위한 당신의 전략은 무엇입니까?

3. 죄의 본질은 "하나님의 주 되심에 대한 거부, 나 중심성"입니다.
   당신의 삶 속에서 하나님의 주권을 더 인정하고 고백해야 할 영역은 무엇입니까?
   그렇게 하기 위해 가장 힘들고 도전이 되는 일은 무엇이라고 생각합니까?

4. 최초 인간의 타락에 관한 이야기는 인간의 겪고 있는 모든 불행의 원인은 물론이고, 피조 세계 회복을 위한 하나님의 계획과 약속을 보여 줍니다.
   이 이야기 속에서 그리스도인과 교회 공동체는 "사회 참여"를 위한 성경적 근거를 찾을 수 있다면, 그 근거는 무엇이라고 생각합니까?

# 4
## 위기: 구속과 하나님 나라

창세기 1-3장에 걸쳐 나오는 천지 창조와 인간의 타락 이야기는 아이들에게 들려줄 수 있는 재미있는 성경 이야기 그 이상입니다. 창세기 첫 세 장의 기록은 인간의 실존에 관한 존재론적인 해답이고, 동시에 인간 스스로는 해결할 수 없는 "근본적 불행의 문제"에 관한 해결의 실마리를 제공해 줍니다. 하나님께서는 타락한 인간과 파괴된 피조물을 그냥 내버려 두실 수도 있었습니다. 하나님께서는 새로운 곳에서 완전히 새롭게 다시 시작하실 수도 있었습니다.

그러나 하나님께서는 당신께서 창조하신 세상과 사람을 결코 포기하지 않으셨습니다. 대신 하나님께서는 당신의 나라를 온전하게 회복하시겠다고 말씀하셨습니다. 하나님께서는 당신의 은혜의 역사를 친히 시작하셨습니다.

그렇다면 그 구원과 회복의 길은 무엇일까요?

### 죄의 저주 아래 있는 인간의 현실

사도 바울이 기록한 로마서에는 "죄의 저주" 아래 있는 인간의 현실이 직설적으로 묘사되어 있습니다.

> 성경에 이렇게 기록되어 있습니다. 의인은 한 사람도 없다
>
> (롬 3:10, 쉬운 성경).

모든 사람이 죄를 범하였습니다. 그래서 사람은 하나님의 영광에 못 미치는 처지에 놓여 있습니다(롬 3:23, 표준새번역).

아담 한 사람의 범죄 때문에 그 한 사람으로 말미암아 죽음이 왕노릇 하게 되었다면(롬 5:17a, 표준새번역).

그러므로 한 사람의 범죄 때문에 모든 사람이 죄인이 되었지만 (롬 5:18a, 쉬운 성경).

성경은 명확하게 모든 사람이 다 죄인이고, 사람들 중에 "의인-죄가 없는 사람"은 아무도 없다고 단정적으로 말합니다. 심지어 모든 사람이 죄인 된 이유가 바로 아담 한 사람 때문이라고 말합니다. 바로 이 지점에서, 기독교를 "비합리적인" 종교라고 생각하게 만드는 요인을 만나게 됩니다.

"왜 기독교는 원죄 교리를 가르치는가?
아담 한 사람의 범죄와 순종하지 아니함 때문에 그의 후손인 인류 전체가 죄인 취급을 당해야 하는가?"

아담 한 사람으로 인해 인류 전체가 죄인이 되었다는 "원죄" 교리는 "대표성의 원리"에 의해 설명됩니다. 대표성의 원리란, 아담이 인류의 대표였기 때문에 그가 지은 죄는 아담 한 개인의 범죄가 아니라, 모든 인류의 죄로 간주된다는 설명입니다. 아담이 하나님과 언약을 맺을 때에는 아담 개인 자격으로 언약을 맺은 것이 아니라, 그 이

후에 태어날 모든 사람의 "대표자"로 언약을 맺었습니다. 그래서 아담이 언약에 실패했을 때, 아담에게서 나온 그의 모든 후손 역시 다 죄인이 될 수밖에 없었습니다.

예를 들어, 대한민국 마라톤 국가 대표 선수가 올림픽에서 승리를 하면 그 승리는 국가 대표 선수 개인의 승리일 뿐만 아니라, 대한민국 전체의 승리입니다. 왜냐하면, 그가 대한민국을 대표해서 출전했기 때문입니다. 또한, 양반의 자녀로 태어난 아기는 자동적으로 양반의 신분을 얻고, 종의 자녀로 태어난 아기는 "선택의 여지없이" 종의 신분을 얻습니다. 마찬가지로 "아담의 대표성" 때문에 모든 인간은 하나님 앞에서 죄인일 수밖에 없습니다.

이러한 "대표성의 원리"는 매우 부당한 것처럼 보입니다. 고조선 때부터 시작한 대한민국의 연좌제는 1981년 3월에 폐지되었습니다. 대한민국 헌법 13조 3항에는 이렇게 규정되어 있습니다.

> 모든 국민은 자기의 행위가 아닌 친족의 행위로 인하여 불이익한 처우를 받지 아니한다.

그런데 성경은 아담의 죄를 모든 인류의 "연대 책임"으로 돌리고 있으니, 이것은 매우 부당한 것이라고 생각할 수 있습니다. 그러나 이 "대표성의 원리" 때문에 예수 그리스도께서 우리의 구원자가 되실 수 있습니다. 따라서 "대표성의 원리"가 우리 인간에게 꼭 불리한 것만은 아니라는 점을 일단 말씀드리고, 뒤에서 더 자세히 설명 드리겠습니다.

## 죄인된 인간의 운명에 관한 율법의 관점

인간은 모두 하나님께서 "주인이 되셔야" 하는 자리를 차지했던 죄인들입니다. 그래서 아무도 하나님의 심판을 피할 수 없습니다. 죄인인 인간은 하나님의 심판을 받고 하나님 나라(에덴 동산)에서 추방되었습니다. 그뿐만 아니라, 하나님 말씀대로 마지막 심판 때에 영원한 형벌을 받을 운명에 놓여 있었습니다.

인간이 하나님께로 나아가서 하나님과 화해할 수 있는 길은 그 어디에도 없었습니다. 모든 인간은 하나님 나라에 들어갈 수 없게 되었기 때문에 하나님의 생명과 안식, 평강과 기쁨을 누릴 수 없었습니다. 인간에게 남은 것은 오직 "절망과 탄식" 뿐이었습니다. 이것이 바로 하나님 앞에 선 죄인의 적나라한 모습이고, 우리 자신들의 자화상입니다.

에덴 동산에서와 마찬가지로 하나님께서는 모세를 통해 모든 사람을 위한 "**하나님의 법**"(율법)을 주셨습니다. 이 율법을 완벽하게 지키는 사람은 하나님 앞에서 "의인"으로 인정될 수 있었습니다. 그런데 문제는 이 세상의 어떤 사람도 율법의 요구를 100퍼센트 완벽하게 지킬 수 없다는 데에 있습니다.

율법이 있기 때문에 우리는 무엇이 죄인지를 깨달을 수 있습니다. 그러나 율법을 통해 "내가 죄인"임을 깨달을 수 있다 해도, 율법 그 자체에는 우리의 죄를 용서해 줄 수 있는 권한이 없습니다. 마치 대한민국 형법은 대한민국 국민들에게 무엇이 죄인지를 규정해 주지만, 형법 그 자체가 범죄자의 죄를 용서해 주지 못하는 것과 같은 이치입니다. 그래서 바울은 로마서 3장 20절에서 이렇게 말했습니다.

그러므로 율법의 행위로는 하나님 앞에서 의롭다고 인정받을 사람이 아무도 없습니다. 율법으로는 죄를 인식할 뿐입니다(롬 3:20, 쉬운 성경).

율법을 100퍼센트 완벽하게 지킬 수 있는 "의인"은 하나도 없습니다. 율법의 기준으로 볼 때, 우리는 날마다 율법을 어기는 지극히 큰 죄인들입니다.

어떤 이들은 이렇게 항변할 수 있습니다.

"나는 율법이란 것이 있는지도 몰랐고, 그것을 지켜야 하는지도 몰랐는데, 왜 갑자기 율법이란 기준을 제시해서 나를 죄인으로 몰아갑니까?"

일리 있는 항변입니다. 그러나 하나님은 창조주이시고 우리는 피조물입니다. 피조물인 모든 인간은 태어날 때부터 창조주이신 하나님의 뜻에 순종하며 살아야 할 의무를 부여받았습니다. 대한민국에서 태어난 사람은 모두 대한민국 헌법을 준수해야 하는 것과 같은 이치입니다.

또한, 대한민국에 방문한 외국인이 대한민국의 법을 몰랐다고 해서 그의 법적 책임이 없어지는 것은 아닙니다. 마찬가지로 하나님의 율법에 대한 순종은 선택사항이 될 수 없습니다. 따라서 율법의 존재를 몰랐다 해도 우리 인간에게는 변명의 여지가 없습니다.

율법을 모르는 사람들이 죄를 지으면 율법과 상관없이 망할 것이요, 율법을 아는 사람들이 죄를 지으면 율법에 따라 심판을 받을 것입니다

(롬 2:12, 쉬운 성경).

아브라함과 모세의 후손인 유대인들은 하나님께로부터 율법을 받았기 때문에 율법에 의해 하나님의 심판을 받습니다.

그러면 혈통적으로 유대인이 아닌 사람들(이방인)은 무엇을 근거로 하나님의 심판을 받을까요?

바로 "양심"입니다. 하나님께서는 율법을 알지 못하는 사람들에게도 율법의 역할을 하는 양심을 주셨습니다.

> 이런 까닭에 율법을 가지고 있지 않은 이방인들이 본성에 따라서 율법이 요구하는 대로 행하였다면, 그 사람은 율법을 가지고 있지 않지만 자신이 자기에게 율법이 되는 것입니다. 이런 사람들은 율법이 요구하는 것이 그들 마음속에 새겨져 있는 것을 보여 주며, 그들의 양심이 그것을 증언하고, 그들의 생각이 그들의 잘못을 고소하기도 하며, 그들 자신을 변명하기도 합니다(롬 2:14-15, 쉬운 성경).

인간의 마음속에 있는 양심은 기록되지 않은 "불문법"입니다. 율법을 모르는 이방인도 십계명에서 명령하는 일들(부모 공경하기, 살인하지 않기, 간음하지 않기, 도둑질하지 않기, 이웃의 것을 탐하지 않기, 이웃에 해를 끼치는 거짓말하지 않기)을 하지 않으려고 노력합니다. 왜냐하면, 그들의 양심이 율법의 역할을 하기 때문입니다.

그래서 바울은 율법을 받지 않고 죄를 범한 이방인은 양심에 근거해 심판을 받을 것이고, 율법을 받은 유대인들은 율법을 통해 심판을 받을 것이라고 했습니다. 그러므로 기록된 율법에 관한 지식에 상관없이 모든 사람은 창조주 하나님의 뜻에 순종하며 살아야 할 의무를 가집니다.

## 율법이 아니라 은혜로 열린 하나님 나라의 길

모든 인간은 그것이 율법이든 양심이든 하나님의 법에 불순종한 죄인이며, 인간은 그 누구도 의인만 들어갈 수 있는 "천국-하나님 나라"에 들어갈 수 없습니다. 우리는 이미 100퍼센트 완벽하게 율법을 지켜서 "의롭다"고 인정받을 수 없음을 잘 알고 있습니다.

그런데 아무런 소망 없이 절망 가운데 살 수밖에 없는 우리에게 "복음"이 전해졌습니다. 바로 우리 죄인들이 구원을 받고 "하나님 나라"에 "다시" 들어갈 수 있는 길이 열렸다는 소식입니다. 하나님께서는 율법이 아닌 다른 방법으로 하나님 나라에 들어갈 수 있는 길을 열어 주셨습니다.

> 그러나 이제는 율법과는 상관없이 하나님의 의가 나타났습니다. 그것은 율법과 예언자들이 증언한 것입니다 (롬 3:21, 표준새번역).

율법과 예언자들이 증언한 바, 율법이 아닌 "하나님이 은혜"로 열린 길은 바로 예수 그리스도입니다.

예수님의 구원 사역을 설명할 때, "구속"(救贖), "대속"(代贖), "속량"(贖良), "속전"(贖錢)과 같은 용어들이 나옵니다. 그런데 이 단어들에 공통적으로 들어가는 한자어가 있으니, 바로 "속"(贖)입니다. 이 "속"(贖)이란 한자는 "빚진 것 대신에 다른 물건이나 노력을 제공"하거나 "죄를 씻기 위하여 재물이나 노력" 등을 바치는 행위를 가리킵니다.

이 "속"(贖)이란 한자어에 가까운 영어 단어는 "Ransom"으로, 그 기본적인 뜻은 "생명을 대신하여 지불하는 돈"입니다. 다른 사람의 컴퓨터에 바이러스를 심어서 그 안에 있는 자료를 인질 삼아 돈을 요구하는 악성 프로그램을 "랜섬웨어"(Ransomware)라고 부릅니다. "랜섬웨어"란 "몸값"(Ransom)과 "제품"(Ware)의 합성어인데, 바로 그 랜섬이 성경에 나오는 "속량"(贖良), "속전"(贖錢)입니다. 성경에서 "속량"(贖良), "속전"(贖錢)은 "노예나 포로를 해방시키기 위해 지불하는 몸값, 남에게 상처를 주거나 해를 입혔을 때 지불되는 배상금"이란 뜻으로 사용되었습니다.

그럼 이제 "구속"과 "대속"의 뜻에 대해 간략하게 살펴보겠습니다. 먼저 구속(救贖, Redemption)은 ['구원할' 救, '속죄할' 贖]이 합쳐진 단어로, "Redeem"의 명사형입니다. Redeem은 "채무를 갚다, 저당 잡힌 것을 도로 찾아오다, 몸값을 지불하고 남을 구해 내다"라는 뜻입니다. 따라서 Redeem의 명사형인 "Redemption"은 "몸값을 주고 빼냄, 범죄에 대한 대가를 치름"이란 뜻이 됩니다.

또한, "대속"(代贖, Atonement)은 [대신할 代, 속죄할 贖]이 합쳐진 단어로, "남의 죄를 대신하여 받다"라는 뜻입니다. Atonement 역시 "죄값으로 보상하다, 금품이나 선행으로 죄를 씻다, 속죄하다"라는 뜻을 가진 Atone의 명사형입니다.

이처럼, "구속", "대속", "속량", "속전"이라는 단어들의 의미를 새겨보면, 예수님께서 인간을 비롯한 모든 피조물을 위해 어떤 일을 하셨는지를 알 수 있습니다. 거룩하신 하나님의 아들이신 예수님은 죄가 없으십니다. 그런데 그분은 세상에 들어온 죄의 문제를 해결하시고자, 육신의 옷을 입고 이 땅에 인간의 모습으로 오셨습니다.

30년의 준비 기간 후에 예수님께서는 3년 동안 메시아로서의 "공식적인 사역 기간(공생애)"을 보내셨습니다. 예수님께서는 하나님 나라의 복음을 "선포"하셨고, 하나님 나라의 복음을 풀어서 설명해 주셨고, 여러 가지 초자연적 기적들을 통해 "임박한" 하나님 나라의 "능력"을 보여 주셨습니다. 그리고는 나귀를 타고 예루살렘 성에 들어가신 후에 십자가에 못 박혀 죽으셨습니다.

"이미" 인질로 잡혀 있는 사람이 다른 인질을 대신해서 인질이 될 수 없습니다. 이미 노예로 살고 있는 사람이 다른 노예를 대신해서 노예가 될 수 없습니다. 이미 감옥에 있는 죄수는 다른 동료 죄수의 죗값을 대신 치를 수 없습니다. 마찬가지로 이미 죄의 "권세와 저주" 아래에 있는 인간은 그 자신의 "죄의 삯"이 먼저 지불되지 않고는 "죄인의 신분"에서 해방될 수도 없고, 다른 이의 "죗값"을 대신 치를 수도 없습니다. 하나님을 대적하고 죄를 지은 인간은 사탄의 노예로 사로잡혀 있을 수밖에 없었고, 죄의 종노릇(롬 6:6)을 할 수밖에 없는 처지에 놓여 있었습니다.

그런데 죄 없으신 하나님의 아들 예수님께서는 역사상 존재했었고 앞으로도 존재할 죄인들을 위해 당신의 생명을 십자가 위에서 "몸값"(Ransom)으로 내어 주셨습니다. 죄인인 인간에게는 자기 스스로 "속량", "속전"(Ransom)이 될 자격 자체가 없었습니다. 따라서 인간으로서는 그 누구도 남의 죄를 위해 대신 죗값을 치르는 "구속"(Redemption)과 "대속"(Atonement)을 할 수 없었습니다.

오로지 죄 없으신 하나님의 아들 예수 그리스도만이 이 모든 일을 하실 수 있었습니다. 그리고 그분은 실제로 그렇게 하셨습니다. 당신 스스로 "대속물"이 되셔서 몸값을 지불하셨기 때문에 예수 그리스도를 구주로 고백한 이들은 사탄의 권위에서 해방되어 자유하게 되는 복을 누릴 수 있게 되었습니다. 로마서 3장 25a절에서, 바울은 이와 같은 예수님의 "대속적 죽음"을 "화목 제물"이라는 말로 설명했습니다.

> 하나님께서 예수님을 화목 제물로 내어 주셨으며, 누구든지 예수님의 피를 믿음으로 죄를 용서받게 됩니다(롬 3:25a, 쉬운 성경).

"화목 제물"은 모세에게 주어진 율법에 나오는 제사법의 하나로, 인간의 죄의 대한 하나님의 진노를 피할 수 있도록 드려지는 "희생 제물"입니다. 하나님께서는 인간을 포함한 모든 피조물과 화해하고 관계를 회복하시기 위해 당신의 독생자 예수 그리스도를 "화목 제물"로 내세우셨습니다.

하나님의 아들 예수 그리스도는 죄인으로서 원수되었던 우리를 하나님과 화목 시키기 위한 "희생 제물"로 하나님께 드려졌습니다. 십자가에서 직접 죽으심으로 예수님께서는 우리가 받아야 할 죄의 형벌을 대신 받으셨습니다. 우리를 대신해서 예수님께서 십자가에서 죽으셨기 때문에 우리는 죄와 사망의 지배에서 해방될 수 있었습니다. 따라서 예수님의 죽음은 역사적 인물의 단순한 죽음이 아니라, 온 우주를 덮고 있던 죄의 저주를 씻어 내는 "대속적 죽음"(penal substitution)이었습니다.

## 오직 믿음으로!

  십자가 위에서 부어진 "구원의 은혜"는 "누구에게나"(to EVEYONE) 열려 있습니다. 그러나 예수님의 그 구원의 은혜는 "아무에게나"(to ANYONE) 주어지지 않습니다.

  예수님의 구원 은혜를 받기 위해서는 반드시 "믿음"이 필요합니다!

- 하나님께서 당신의 아들 예수 그리스도를 통해 이 땅 위에서 행하신 일에 대한 믿음이 필요합니다.
- 예수님의 십자가 죽음이 바로 나를 위한 죽음이라는 사실을 믿는 믿음이 필요합니다.
- 십자가에 달리신 예수님만이 나의 구원자 곧 그리스도이심을 믿는 믿음이 필요합니다.
- 우리 스스로의 힘으로는 구원에 이를 수 없다는 것을 겸손히 인정하고, 예수님만을 의지하는 믿음이 필요합니다.
- 그 믿음의 고백대로 변화된 삶을 사는 행하는 믿음이 필요합니다.

다른 길은 없습니다!
  오직 예수 그리스도를 믿는 자만이 "죄의 용서"와 "의롭다 여김"을 얻을 수 있습니다. 예수님의 구원에는 "차별"이 없습니다. 그러나 중요한 것은 믿음의 내용을 분명히 알고 그 믿음대로 사는 것입니다. "예수님의 구원"을 천국에 들어가는 "티켓" 혹은 "보험" 정도로 생각하는 이들이 있습니다. 물론, 이것은 "축소된 복음"을 가르쳐 온 교회와 사역자들의 책임이 매우 큽니다. 그러나 문제는 구원을 단순히 천국에 들어가는 "티켓"이나 "보험"으로 오해할 경우 구원에 이르지 못하게 하는 "죽은 믿음"을 가질 위험성이 다분하다는 사실입니다. 소위 "선데이 크리스천"(Sunday Christian)이라 불리는 사람들이 있습니다. 말 그대로 일주일에 하루 몇 시간 동안만 그리스도인이고, 나머지 시간에는 예수님과 상관없이 사는 사람들을 일컫는 말입니다.

어쨌든 세례를 받고 교회에 나오면, 천국은 따 놓은 당상일까요?

결코 그렇지 않습니다.
자신의 죄를 회개하고, 예수님을 구주로 영접한 사람은 이제 "의롭다 여김"을 받게 됩니다. 우리는 이것을 "칭의"(Justification)라고 부릅니다.

그런데 "의롭다 여김"을 받으면, 그것으로 모든 것이 다 끝나는가?
그렇지 않습니다. 하나님으로부터 "의롭다" 하는 "새로운 신분"을 받은 사람은 이제 그에 상응하는 "변화된 삶, 거룩한 삶"을 추구하는 "성화"(Sanctification)의 삶을 살아야 합니다. 이 "칭의"와 "성화"는 동전의 "앞-뒷면"과 같이 서로 분리될 수 없습니다.

예를 들어 설명해 보겠습니다. 결혼식을 올리고 혼인신고까지 한 커플이 있습니다. 정식으로 혼인 관계가 시작되고 남편으로서 혹은 아내로서의 새로운 신분을 갖게 된 후에 신랑과 신부는 혼인 이전의 삶으로 돌아 가면 안 됩니다. 그런데 배우자 중 한 명이 이전에 데이트했던 이성과의 관계를 완전히 정리하지 않았다면, 그 결혼은 "파국"으로 끝날 수밖에 없습니다. 왜냐하면, "새로운 신분"에 맞는 "새로운 삶"을 살지 않았기 때문입니다.

한 가지 다른 예를 더 들어 보겠습니다. 고아원에서 자라던 아이가 감사하게도 양부모님에게 입양되었습니다. 이제 이 아이는 더 이상 "고아"가 아니라, 한 가정에 속한 "자녀"로 그 신분이 변화되었습니다.

이제 새로운 성과 이름을 갖게 된 이 아이는 어떻게 해야 할까요?

이 아이는 이제 양부모님의 권위에 순종하고, 그 가정의 문화를 배우고, 그 가정의 생활방식대로 살고자 노력해야 합니다. 왜냐하면, "새로운 신분"을 얻었기 때문입니다. 양자로 입적되기 위해서가 아니라, 이미 양자로 "신분이 변화" 되었기 때문입니다.

내가 천국에 이를 수 있는 "진짜 믿음"을 가졌는지 그렇지 않은지 어떻게 증명할 수 있을까요?

예수님께서는 분명하게 말씀하셨습니다.

> 나더러 주여 주여 하는 자마다 천국에 다 들어갈 것이 아니요 다만 하늘에 계신 내 아버지의 뜻대로 행하는 자라야 들어가리라 (마 7:21).

입으로 "주여 주여" 하면서 매주 교회에 출석하고 헌금한다고 해서 그 믿음이 "진짜 믿음"이라고 말할 수 있을까요?

성경은 "그렇지 않다"고 명확하게 말씀합니다. 예수님께서는 분명하게 "다만 하늘에 계신 내 아버지의 뜻대로 행하는 자"만이 하나님 나라에 들어갈 수 있다고 말씀하셨습니다.

그렇다면 예수님께서 말씀하신 "아버지의 뜻대로 행하는" 삶은 무엇일까요?

바로 하나님과 같이 "거룩한 삶"을 살고자 노력하는 "성화"의 길을 따르는 것입니다.

믿음은 말이 아니라, 행위가 증명합니다!

우리 인간은 100퍼센트 율법을 지킬 수 없기 때문에 오로지 예수님의 "구속의 은혜"를 믿는 믿음으로만 구원을 얻을 수 있습니다. 그런데 우리로 하여금 천국에 이르게 하는 믿음은 예수님을 주인으로 모시겠다 한 "언약-약속"에 충실할 때에만 "진짜"라고 할 수 있습니다. 결혼 후에도 혼외 관계를 유지하는 배우자의 "혼인 서약"은 거짓된 "약속"입니다. 마찬가지로 예수님의 다스림을 받는 "그리스도인"이라 하면서도 여전히 "내 자신이 주인이 되고자 하는 삶"을 살고자 한다면, 그의 믿음은 "죽은 믿음"이고 영생에 이를 수 없는 "가짜 믿음"입니다.

분명 율법은 우리를 구원할 수 없습니다. 율법이 할 수 없는 일, 곧 우리를 구원하는 일은 오직 예수 그리스도의 십자가 죽음과 부활을 믿는 믿음으로만 가능합니다. 그러나 율법은 우리 인간이 하나님 앞에 얼마나 큰 죄인인지를 밝히는 역할을 합니다. 따라서 그리스도인은 "율법"을 통해 자신의 죄를 깨닫고 회개할 수 있는 기회를 얻게 됩니다. 또한, 율법을 통해 하나님께서 기뻐하시는 "거룩한 삶의 방식"에 대해서도 알 수 있습니다.

바로 이와 같은 이유 때문에 예수님께서는 마태복음 5장 17절에서 이렇게 말씀하셨습니다.

내가 율법이나 선지자를 폐하러 온 줄로 생각하지 말라 폐하러 온 것이 아니요 완전하게 하려 함이라(마 5:17).

그리고 요한복음 14장 15절에서는 이렇게 말씀하셨습니다.

너희가 나를 사랑하면 나의 계명을 지키리라(요 14:15).

예수님의 계명을 지키지 않는 사람은 예수님을 사랑하지 않는 사람입니다. 따라서 그의 믿음은 "죽이는" 믿음이지 "살리는" 믿음이 아닙니다.

## "위기"로서의 예수님의 구속 사역

우리는 지금까지 예수님의 "구속"에 대해 살펴보았습니다. 예수님의 구속은 성경 전체를 포괄하는 "하나님의 66부작 대하 드라마"에서 "위기"에 해당합니다. 이런 의문을 가지실 수 있습니다.

아니, 어떻게 예수님의 십자가 대속이 절정이 아니라 위기인가?

예수님께서 십자가 위에서 행하신 "대속적 죽음"은 분명 우리에게 은혜가 됩니다. 그러나 예수 그리스도의 십자가 사건은 하나님 나라 복음의 절정으로 가기 위한 위기 단계가 맞습니다. 창세기 3장 15절에서, 하나님께서는 이렇게 약속하셨습니다.

> 내가 너로 여자와 원수가 되게 하고 네 후손도 여자의 후손과 원수가 되게 하리니 여자의 후손은 네 머리를 상하게 할 것이요 너는 그의 발꿈치를 상하게 할 것이니라(창 3:15).

하나님께서는 사탄이 여자의 후손으로 오실 예수 그리스도의 발꿈치를 상하게 할 것이라고 말씀하셨습니다. 만약 예수님의 수난이 시작된 고난 주간(Passion/Holy Week)의 금요일에 예수님의 지상 사역이 모두 끝난 것이라면, 그분의 죽음은 모든 피조물에게 "단순한 죽음" 그 이상의 의미가 될 수 없습니다. 왜냐하면, 예수님께서 굳이 우리를 대신해 죽으시지 않아도, 우리는 어차피 죽게 될 운명에 처해 있기 때문입니다.

"참된 구원"이 되려면, 내가 죽지 않고 살아야 합니다. 만약 예수님께서 십자가 위에서 "죽음심"으로 모든 것이 다 "끝났다"고 한다면, 인간을 포함한 모든 피조물 역시 "그냥 죽는 것으로" 끝날 수밖에 없습니다. 예수님의 사역이 "십자가"에서 끝난 것이라면, 기독교는 결코 "영원한 생명"에 관한 소망을 주는 종교라 할 수 없습니다. 어차피 "죽음"으로 끝나게 될 종교라면, 그 종교는 인간을 포함한 모든 피조물에 어떠한 소망도 줄 수 없기 때문입니다. 그러므로, 예수님의 십자가에서의 "대속적 죽음"은 "절정"이라 할 수 없고, 오히려 "위기"라고 해야 합리적입니다.

특별히 성경이라는 "하나님의 66부작 대하 드라마"를 처음 접하는 분들에게 예수 그리스도의 죽음은 분명 "위기"이지 "절정"으로 생각될 수 없습니다. "드라마나 영화의 주인공은 결코 죽지 않는다"는 것이 거의 정설처럼 되어 있습니다. 그런데 "하나님의 대하 드라마" 주인공이신 예수님께서 십자가 위에서 돌아가셨습니다. 드라마의 흐름상, 이것은 분명 "위기"이지 "절정"이 될 수 없습니다.

그러면 창세기 3장 15절에 예언된 언약의 나머지 부분, 즉 **"여자의 후손은 네 머리를 상하게 할 것"**이라는 하나님의 약속은 예수 그리스도의 "십자가 죽음" 후에 어떻게 성취되었을까요?

만약 성취된 것이 맞다면, 그 언약은 어떤 방식으로 어떻게 성취가 되었을까요?

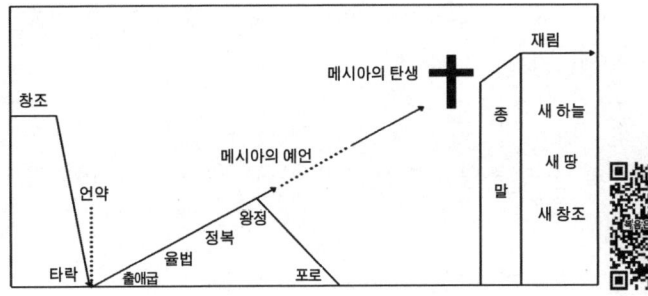

[도표 7. 성경의 큰 그림]

## 소그룹 나눔을 위한 질문

1. "구속과 하나님 나라"에 대해 새롭게 알게 되었거나 가장 중요하다고 생각되었던 것은 무엇입니까?

2. 성경은 "대표성의 원리"에 입각해서 "모든 사람이 다 죄인이고, 의인은 아무도 없다"고 선언합니다.
   이러한 성경의 선언은 어떻게 "정당화"될 수 있습니까?
   만약 이 "대표성의 원리"에 대해 동의할 수 없다면, 그 이유는 무엇입니까?

3. 예수님의 구속 사역은 "절정"이 아닌 "위기"로 설명되었습니다.
   복음에 대한 이러한 접근은 기존의 "구속사적 관점"에 입각한 복음 설명과 서로 충돌한다고 생각합니까, 아니면 복음에 대한 더 폭넓은 이해를 제공한다고 생각합니까?

4. 구원에 이르는 믿음은 아버지의 뜻대로 행하는 삶이 동반되어야 합니다.
   당신의 믿음은 "죽이는 믿음"입니까, 아니면 "살리는 믿음"입니까?
   당신의 삶은 어떻게 믿음을 증명하고 있습니까?

# 5
## 절정 I: 부활과 하나님 나라

왜 기독교 신앙에서는 부활이 중요할까요?

만약 인간의 몸을 입고 이 땅에 오신 예수님의 삶이 십자가 위에서 마감되었다면, 예수님의 죽음은 단순한 "순교"에 불과하기 때문입니다. 순교는 존경하고 감사할 만한 일이지만, 순교가 모든 피조물을 위한 "구원 사건의 완성"이 될 수는 없습니다. 예수 그리스도의 십자가 사역은 매우 중요하고 또 대단한 일이었습니다. 그러나 예수님의 십자가 사역은 당신께서 "부활"하심으로써 완성되었습니다.

초대 교회의 성도들은 "우리는 이 일의 증인"(행 5:32) 이라고 선포했습니다. 그런데 만약 초대 교회 성도들이 예수님의 "십자가 죽음"에 관한 증인들이었다면, 그들의 증언은 그다지 큰 반향을 일으키지 못했을 것입니다. 예수란 사람이 어떤 삶을 살았고, 어떤 이유로 죽었는지 간에 기껏해야 여러 사람을 위한 "훌륭한 죽음" 그 이상은 될 수 없기 때문입니다.

그러나 초대 교회 성도들은 예수님의 십자가 죽음에 관한 증인들이 아니었습니다. 그들이 목숨을 걸고 증거하고자 했던 것은 바로 **"예수 그리스도의 부활"**이었습니다. 예수 그리스도께서 십자가 위에서 죽으셨으나 장사된 지 3일 만에 무덤에서 다시 살아나셨다는 부활의 소식이 바로 그들이 생명을 바쳐서라도 증거해야 했던 "복된 소식-복음"이었습니다.

따라서 예수님의 부활은 기독교가 참된 종교가 될 수 있는 근간이자 "복음의 핵심"입니다.

## 만약 부활이 없다면?

만약 "부활" 자체가 없다면 어떨까요?

**첫째**, 예수 그리스도의 부활 자체가 존재할 수 없습니다.

> 죽은 사람의 부활이 없다면, 그리스도께서도 살아나지 못하셨을 것입니다 (고전 15:13, 표준새번역).

**둘째**, 인간의 부활 역시 존재할 수 없습니다.

그렇게 되면, 그리스도인들은 이 세상에서 가장 어리석고 불쌍한 사람들이 될 수밖에 없습니다. 만약 예수 그리스도께서 "사망을 이길 수 있는 힘"을 주실 수 없다면, 예수 그리스도를 믿는 믿음은 결국 신기루에 불과하기 때문입니다.

> 우리가 그리스도 안에서 소망하는 것이 이 세상 삶에 그친다면, 우리는 이 세상 어느 누구보다도 불쌍한 사람들일 것입니다 (고전 15:19, 쉬운 성경).

**셋째**, 기독교가 말하는 "복음" 역시 무의미해지게 됩니다. "복음-좋은 소식"이라 불리는 것이 실상은 "좋은 소식"을 제공해 줄 수 없기 때문입니다. 예수님께서 부활하신 것이 아니라면, 그분은 모든 인간이 겪고 있는 죄의 고통과 죽음의 문제를 정복하지도 해결하지도 못한, 역사적 인물 중 하나로 전락하게 됩니다. 이 세계는 여전히 죄의 포로로 남게 되고, 우리는 여전히 죽음의 노예로 살아야 합니다. 사탄은 파괴된 창조 질서를 영원히 지배하게 될 것이고, "죄의 삯은 사망이다"라고 했던 바울의 말은 "영원한 저주의 선언"으로 남게 됩니다.

결과적으로 그리스도를 믿는 신앙은 무의미하고 무가치한 일이 될 것이고, "나는 부활이요 생명이다"(요 11:25)라고 말한 예수님은 거짓말쟁이가 될 수밖에 없습니다. 그뿐만 아니라, 기독교의 선교와 복음 전파 노력은 엄청난 시간과 에너지, 돈과 인력의 낭비가 되고, 소위 "믿음 장"이라 불리는 히브리서 11장은 "믿음의 전당"이 아니라 "바보들의 전당"으로 불려야 합니다. 왜냐하면, 하나님을 믿는 믿음으로 산 것에 대한 보상이 불가능하기 때문입니다.

상을 받을 사람이 죽고 없는데, 누가 누구에게 보상을 해 줄 수 있겠습니까?

예수님께서는 십자가 위에서의 죽음을 통해 우리의 모든 죄를 용서해 주시기 위한 "속죄 제사"를 하나님께 드리셨습니다. 그러나 우리는 "새 언약"의 성취를 통해 하나님의 자녀가 되었습니다. 그리고 이 새 언약의 성취는 바로 예수님의 부활을 통해 이루어졌습니다. 바로 이 예수님의 부활 때문에 사도들은 예수님을 하나님께서 세우신 그리스도로 확신할 수 있었습니다.

예수님께서는 분명 우리를 위해 죽으셨습니다. **그러나 그는 죽으셨기 때문이 아니라 죽음에서 "부활"하셨기 때문에 하나님의 아들로**

**확증되었습니다.** 그러므로 예수님의 부활은 기독교 신앙을 떠받치는 기둥이 되는 사건입니다.


## 부활: 구원을 위한 하나님의 승리

일반적으로 "구원"은 죽은 후에 "천국"(천당)에 가는 것이라고 생각합니다. 그러나 성경이 말하는 "구원"은 죽음 후에나 갈 수 있는 피안의 세계로 들어가는 수단이 결코 아닙니다. 만약 사망 후에 육신은 썩어 없어지고 영혼만 다른 세상에 계속 존재하는 것이 구원이라면, "그런 구원"은 승리가 아닙니다. 그것은 그냥 "죽어서 사라지는 것"뿐입니다.

기독교가 말하는 구원은 죄의 대가인 사망에 대한 "하나님의 승리"입니다. 이 승리는 예수 그리스도께서 십자가 위에서 죽으심으로써 모든 피조물이 짊어진 죄의 대가를 대신 치르셨고, 장사된 지 3일 만에 무덤에서 부활하심으로써 이루신 "궁극적 승리"입니다. 예수 그리스도께서는 사망의 권세를 무너뜨리시고 부활하셨습니다.

따라서 예수 그리스도를 구주로 고백하고 예수 그리스도에게 속한 사람들은 더 이상 사망의 저주 아래에 있지 않습니다. 그의 전 존재에 관한 소유권이 사탄에게서 사망의 권세를 이기신 예수님께로 "명의 이전"되었기 때문입니다. 그래서 기독교가 말하는 구원은 가장 위대하고 궁극적인 "승리"입니다.

오랫동안 이 "사망의 권세"는 온 우주 만물 위에 군림해 왔습니다. 이 세상에 존재하는 그 어떠한 것도 영원할 수 없었습니다. 언젠가는 병들고, 망가지고, 죽고, 없어지는 것은 모든 피조물의 피할 수 없는 운명이었습니다. 그런데 "예수님의 부활"을 통해 영원할 것만 같았던 "죄의 권세와 저주"에 균열이 가기 시작했습니다. 하나님의 아들 예수 그리스도가 부활하심으로서 모든 피조물이 소망하고 기대하던 "완전한 자유와 회복"을 위한 구원의 "첫 신호탄"이 쏘아 올려졌습니다. 따라서 예수 그리스도의 부활은 모든 피조 세계가 새로운 운명을 맞이할 수 있도록 하는 온 우주적 차원에서의 "혁명적 사건"입니다.

성경이 증언하는 구속의 궁극적 목적은 온 우주 전체를 위한 하나님의 "구원과 회복"입니다. 예수님께서 부활하심으로 첫 창조의 질서와 원형이 회복되었습니다. 다시 말해서, 부활하신 예수님 안에서 온 창조 세계 역시 새롭게 부활하게 되었습니다. 왜냐하면, 예수 그리스도의 부활을 통해 하나님께서 죽음 자체를 소멸하셨기 때문입니다.

## 부활: 하나님 나라 회복의 시작

구약성경에 나오는 이사야 선지자는 하나님 나라의 원형인 "에덴 동산"이 회복될 것에 대해 예언했습니다.

> 그 때에 이리가 어린양과 함께 살며 표범이 어린 염소와 함께 누우며 송아지와 어린 사자와 살진 짐승이 함께 있어 어린 아이에게 끌리며 암소와 곰이 함께 먹으며 그것들의 새끼가 함께 엎드리며 사자가 소처럼 풀을 먹을

것이며 젖 먹는 아이가 독사의 구멍에서 장난하며 젖 뗀 어린 아이가 독사의 굴에 손을 넣을 것이라 내 거룩한 산 모든 곳에서 해 됨도 없고 상함도 없을 것이니 이는 물이 바다를 덮음 같이 여호와를 아는 지식이 세상에 충만할 것임이니라 (사 11:6-9).

이사야 11장 6-9절에 보면, 하나님께서 회복하실 "하나님의 거룩한 산-새 에덴 동산"에는 해 됨과 상함이 없습니다(9절). 그곳에서는 이리와 어린양이 함께 살고, 표범과 어린 염소가 함께 눕고, 어린아이는 송아지와 어린 사자와 살진 짐승을 보살핍니다(6절). 암소와 곰은 서로 친하게 어울려 풀을 뜯고, 사자들 역시 소처럼 풀을 뜯어먹습니다(7절). 또한, 그곳에서는 젖 뗀 어린아이가 독사의 굴에 손을 넣고 장난치며 놀아도, 아무런 해가 없습니다(8절).

특별히 9절에 나오는 "물이 바다를 덮음 같이" 충만하게 될 "여호와를 아는 지식"이란 단순히 하나님에 관한 정보를 습득하는 것이 아닙니다. 이사야 선지자가 말한 "여호와를 아는 지식"이란, 온전하게 회복된 "하나님의 통치"를 직접 경험함으로써 얻게 된 "경험적 지식"입니다. 따라서 이사야 11장 6-9절은 장차 "하나님 나라"가 완전히 회복될 것에 관한 예언입니다.

그런데 이와 같은 하나님 나라의 회복은 어떻게 가능할까요?

"에덴 동산"(하나님 나라)의 회복에 관한 이사야의 예언 바로 앞에 그 답이 나옵니다.

이사야 선지자는 "이새의 줄기에서 나오는 한 싹"(11: 1)이 이 일을 가능하게 할 것이라고 예언했습니다. 이새는 다윗의 아버지입니다. 따라서 "이새의 줄기"는 다윗 가문을 뜻하는 말이고, "싹"은 다윗의 후예로 이 땅에 오실 예수 그리스도입니다. 2절에 보면, 바로 이 "싹"에게 "여호와의 영-성령"이 임하셔서 "지혜와 총명, 모략과 재능, 지식과 여호와를 경외함"을 부어 주십니다. 그 결과로 다윗의 후손으로 나신 메시아께서는 하나님 나라의 통치 원리가 되는 "공의와 정직"으로 세상을 다스리십니다(4-5절).

예수님께서는 **"보라 내가 만물을 새롭게 하노라"**(계 21:5)라고 선포하심으로서 모든 피조물이 함께 평화와 번영을 누리는 세상을 이루십니다. 우리는 "새 하늘과 새 땅-새 에덴 동산"이 이 땅에 회복되고 완성될 것이라는 약속이 막연한 희망이 아니라, 확실한 약속임을 확신할 수 있습니다. 오늘날에도 모든 피조물이 이 부활에 참여하기를 기대하며 간절히 기다리고 있습니다.

예수님께서 선포하신 "하나님 나라"는 사후의 운명(천당)을 일컫는 말이 아니었습니다. "천국-하나님 나라"는 우리가 이 세상에서 벗어나 다른 세상으로 가는 것을 의미하지 않습니다. 예수님께서 말씀하신 하나님 나라는 **하늘에서와 같이 땅에서도** 임하는 "하나님의 주권적 통치"를 가리킵니다. 요한계시록에 나오는 천국에 관한 묘사들은 하나님께서 이 땅에 회복하실 "새 하늘과 새 땅"의 실재를 묘사한 것입니다. 부활은 예수님과 함께 새롭게 탄생하게 되는 새로운 창조 세계가 시작되는 결정적 사건입니다

따라서 개별 인간의 운명은 바로 이와 같은 "큰 맥락" 안에서 이해되어야 합니다. 예수님께서 우리에게 약속하신 부활은 "개인적 차원"을 넘어서야 합니다. 인간뿐만 아니라, 온 세상의 모든 피조물이 부활을 향해 나아가고 있습니다. 예수님께서 부활하신 이후로 온 세상이 "궁극적인 재탄생"을 향해 서서히 나아가고 있습니다. 이것이 바

로 하나님께서 오늘도 주관하고 계시는 "역사"의 실상입니다.

오랫동안 우리가 배워 온 복음은 사람들을 포함하여 세상의 상당 부분이 소멸하거나 파괴되는 이야기였습니다. 과거에 일어났던 슬픈 일과 고통의 기억들은 땅에 남겨져 있고, 영혼만이 홀연히 하늘로 올라가 영원한 생명을 누리는 해피 엔딩 스토리였습니다. 해피 엔딩에 이르기 전까지 이 땅에서 겪어야 했던 인간의 생로병사는 그냥 어쩔 수 없는 것으로 생각되었습니다.

그러나 구원은 "하나님께서 어떤 사람을 천당(낙원)으로 데려가실까"에 관한 문제가 결코 아닙니다. 구원은 "하나님께서 어떻게 인간을 통해서 당신의 창조 세계를 구속하시고 회복하실까"에 관한 문제입니다. 따라서 인간의 구원은 그 자체로 목적이 아니라, 하나님의 우주적 역사의 완성을 위한 "과정의 일부"로서 이해되어야 합니다.

## 이원론: 부활에 관한 오해의 출발점

초기 그리스도인들은 부활이 천당에 가는 것, 죽음을 면하는 것, 사후에 영광스럽고도 존귀하게 존재하게 되는 것이라고 생각하지 않았습니다. 그들은 육체의 죽음 후에 "새롭게 창조된 세상"에서 "새로운 육체"를 가지고 사는 것이 부활이라고 믿었습니다. 그러나 초대 교회가 세워진 이후로 이러한 부활의 복음을 왜곡하는 가장 위협적인 이단 사상이 있어 왔습니다. 바로 극단적 이원론에 기반한 "영지주의"입니다.

고대 그리스의 철학자 플라톤은 시간, 공간, 물질로 구성된 이 세상은 환상이며, 동굴 안에 어른대는 그림자와 같다고 했습니다. 그래서 그는 눈에 보이는 현상이 아니라, 현상 너머에 있는 진정한 실재에 접하는 것이 인간의 임무라고 생각했습니다. 이러한 생각은 영지주의로 이어졌습니다. 영지주의는 물질과 육체를 죄악시하고 영혼만이 선하다고 주장하는 극단적인 이원론 사상입니다. 영지주의자들은 물질 세계를 창조하신 여호와 하나님을 가장 저급한 신으로 간주했고, 육체는 구원의 대상이 될 수 없다고 믿었습니다. 그래서 영지주의는 육체를 철저히 억누르는 금욕적 형태의 그룹과 육체적 쾌락을 추구하는 그룹으로 분화되었습니다. 그러나 그 둘은 모두 "이원론"이라는 한 뿌리에서 나온 줄기들입니다.

초대 교회는 이와 같은 이원론적인 영지주의에 맞서 피흘려 싸웠습니다. 그러나 이원론적 사고는 오늘날의 교회 안에도 깊이 뿌리내리고 있습니다. 이 세상은 악하기 때문에 교회 안에만 있어야 한다는 생각, 이 세상에서 빨리 벗어나 빨리 천국에 가고 싶어 하는 열망 등이 바로 이원론의 영향입니다.

흔히 '천국'하면, 하나님께서 창조하신 이 세상과는 무관한 영원하고 차원이 다른 "우주 너머의 세계"를 떠올립니다. 그래서 대부분의 현대 그리스도인들이 기독교 신앙을 추구하는 주된 목적은 바로 "천국행"이 되어 버렸습니다. 세상은 천국에 가기 전에 어쩔 수 없이 거쳐야 하는 버스 터미널 대합실 정도로만 여기는 그리스도인들이 의외로 많습니다. 자신의 생업은 생계를 위해 어쩔 수 없이 하는 일이고, 교회에서 하는 봉사, 심지어는 흔히 "성직"이라 부르는 목사, 선교사와 같은 일들만이 거룩한 일이라고 여기기도 합니다.

이런 이원론적 생각 때문에 교회는 세상에서 일어나고 있는 일들에 대해 그다지 신경 쓰지 않고, 성도들에게 오로지 "교회에만 충성하고 봉사하라"고 압력을 가하기도 합니다. 오늘날 한국 교회의 위기를 초래한 여러 원인 중 하나가 이와 같은 "이원론적 생각"입니다.

오늘날 한국 교회에서 예수님의 부활은 복음에서 부차적 요소가 되어 버린 것 같은 느낌을 받게 됩니다. 심지어 예수님의 속죄 사역은 "개인의 구원", 즉 죽어서 천당에 가게 하는 하나님의 은혜로운 "자비" 정도로 점점 축소되고 있습니다. 예수님께서 선포하신 복음 안에 내재되어 있는 "전복하는 힘"은 점점 희미해지고 있습니다. 오늘날 교회의 위기를 초래하고 있는 이와같은 현상들은 모두 복음에 대한 이원론적인 생각에 그 뿌리를 내리고 있습니다.

## 이원론적 신앙을 극복하는 부활 신앙

그러나 예수님의 부활은 단순한 "선언적 명제"가 아니라 "역사적 사건"입니다. 제대로 된 신앙생활을 위해 우리는 예수님의 부활을 "복음의 중심"에 두어야 합니다. 그리스도인들의 죽음은 단순히 하나님 품안의 "영원한 안식"에 들어가는 것이 결코 아닙니다. 육체가 죽음으로써 모든 고통에서 해방되는 것이 결코 아닙니다.

만약 죽음이 영원한 안식이라면, 그것을 스스로 얻기 위해 자살하는 것을 두고 무슨 근거로 어떻게 정죄할 수 있겠습니까?

예수님의 부활은 "참된 안식"에 관한 그리고 "삶과 죽음"에 대한 보다 명확한 답을 보여 줍니다. 거지 나사로가 아브라함의 품에서 경험했던 "낙원에서의 안식"은 분명히 있습니다. 예수 그리스도를 구주로 고백하는 사람이라면, 언젠가는 그런 안식에 들어갈 수 있습니다. 그러나 이보다 더 좋은 약속이 이미 그리스도인들에게 주어졌습니다. 성도는 참된 안식을 얻기 위해 육신의 장막을 벗는 죽음의 순간까지 기다릴 필요가 없습니다. 왜냐하면, "부활"에 관한 약속이 이미 성도들에게 주어졌기 때문입니다. 예수님께서는 죽음 이후의 성도의 삶에 대해서뿐만 아니라, 성도가 이 세상에 살고 있는 동안의 삶에 대해서도 말씀하셨습니다.

> 예수께서 가라사대 나는 부활이요 생명이니 나를 믿는 자는 죽어도 살겠고 무릇 살아서 나를 믿는 자는 영원히 죽지 아니하리니 이것을 네가 믿느냐 (요 11:25-26).

예수님께서 말씀하신 "영원한 삶"은 사망 이후에 그 효력이 시작되는 생명 보험이 아닙니다. 예수님께서 약속하신 "영생"은 지금 여기서부터(Here & Now) 시작되는, 우리의 육체의 삶과 죽음을 넘어서는 기쁨이고 실제적인 소망입니다.

그리스도인들은 "이미" 받은 "부활의 약속"을 믿고 사는 사람들입니다. 아직 "부활의 열매"가 내 눈에 보이지 않고 내 손에 잡히지 않지만, 그 열매가 틀림없이 풍성하게 열릴 것을 확신하기 때문에 그리스도인들은 이 땅에서부터 "부활의 기쁨과 생명력"을 미리 앞당겨서 누리며 살 수 있습니다. 부모님이 인터넷으로 주문해 주신 멋진 선물이 배송되었다는 메시지를 받은 아이처럼, 우리 역시 부활의 기쁨과 소망을 "미리" 누릴 수 있습니다.

이것이 바로 예수님을 믿는 믿음이고 특권 아니겠습니까?

부활의 첫 열매가 되신 예수 그리스도의 부활은 우리로 하여금 현세의 죽음조차도 이길 수 없는 소망을 갖게 하십니다. 예수 그리스도의 육체의 부활은 시작이지 끝이 아니기 때문입니다.

> 우리가 그리스도와 연합하여 그분의 죽음에 참여하였다면, 그분과 연합하여 그분의 부활에도 참여할 것이 확실합니다 (롬 6:5, 쉬운 성경).

사도 바울은 세례를 통해 "예수님의 죽으심에 동참한" 사람이 되었다면, 그 사람은 예수님께서 부활하신 그대로 "예수님의 부활에 동참"하게 될 것이라고 말했습니다. 예수 그리스도를 구주로 고백한 이들은 장차 예수님과 같이 아프지도 않고, 늙지도 않고, 썩지도 않는 육체를 입고 부활의 대열에 동참하게 됩니다. 이것이 바로 앞에서 언급한 "대표성의 원리"가 우리에게 주는 유익입니다. "대표성의 원리"에 의해, 아담 이후 모든 인류는 죄의 저주 아래 놓였고 영원한 죽음에 이를 수밖에 없었습니다. 그러나 "대표성의 원리"에 의해, 모든 인류는 새로운 아담이신 예수 그리스도를 통해 "그의 부활"에 동참할 수 있게 되었습니다.

예수님의 부활을 통해 신자들에게는 부활의 능력이 이미 "활성화"(Activation) 되었습니다. 부활하신 예수님께서 다시 이 땅에 오시는 날에, 예수 그리스도를 구주로 영접하고 그분의 통치를 수용한 모든 사람은 예수님께서 보이신 똑같은 "몸의 부활"을 경험하게 됩니다. 신자는 성령의 도움으로 장차 불멸의 몸을 입을 것을 소망함으로 오늘을 살 수 있습니다(고전 15:50-54).

그래서 예수님의 부활은 단순히 한 사람이 잠시 죽었다가 살아난 사건이 아니라, 썩을 수밖에 없던 사람의 몸이 "불멸의 몸"으로 변화된 사건입니다. **하나님께서는 결코 이 땅의 사람들을 하늘로 이주시키는 프로젝트를 생각하신 적이 없습니다.** 현재 이 땅에서 살아가는 우리의 삶은 천국에 가기 위해 견뎌야 하는 시간이 결코 아닙니다. 우리가 지금 현재 살아가는 우리의 일상은 이 땅에 임할 하나님 나라를 위해 일하도록 보냄 받은 "하나님의 작업실"(God's workplace)입니다.

그래서 기독교는 이원론적 영지주의를 거부합니다. 이원론적 세계관은 이 세상을 하나님으로부터 분리시키고, 육체와 영혼을 분리시키고, 하늘과 땅을 분리시킵니다. 그러나 하늘과 땅은 두 개의 다른 장소가 아닙니다. 그것들은 하나님의 선한 창조에 속한 서로 다른 두 개의 영역일 뿐입니다.

하나님의 공간(하늘)과 우리의 공간(땅)은 서로 매우 다르지만, 이 두개의 상이한 공간은 매우 다양한 방법으로 서로 맞물려 있고 또 교차하고 있습니다. 따라서 우리는 "하나님 나라가 이 땅에 임하기를, 하나님의 뜻이 하늘에서와 같이 땅에서도 이루어지기를" 위해 기도해야 합니다.

[도표 8. 하늘과 땅이 공존하는 이 세상]

## 부활과 하나님의 선교

신자들의 "몸의 부활"은 아직 이루어지지 않았습니다. 그러나 신자들은 아직 부활하지 않은 몸 안에서 "이미 부활한 사람처럼" 살아갈 수 있게 되었습니다. 왜냐하면, 부활의 생명이 되시는 성령 하나님께서 신자들 안에 거하심(내주하심)으로, 부활에 관한 약속이 벌써 성취되었기 때문입니다. 그래서 초대 교회의 사도들은 한목소리로 이렇게 강권했습니다.

**"여러분은 이미 부활한 사람들입니다. 그러므로 부활한 사람답게 사십시오!"**(롬 6:11; 벧전 1:22-23; 요일 5:13).

그렇다면 왜 하나님께서는 그리스도인들에게 "부활의 복음", "부활의 약속"을 주셨을까요?

성도는 예수님의 부활을 통해 이미 시작된 혁명적인 새로운 세상에 살고 있습니다. 그러나 동시에 성도는 "예수님의 부활과 온 세상의 회복" 사이의 중간 단계를 살고 있습니다. 따라서 그리스도인들은 예수 그리스도의 부활을 통해 이 땅에 새로운 시대가 이미 시작되었음을 선포하는 "하나님 나라의 전령"(Messenger, Herald)이 되어야 합니다.

성도는 공중 권세를 잡고 있던 자의 권세가 이미 무너지기 시작했고, 예수 그리스도께서 통치하시는 하나님 나라가 시작되었음을 온 세상에 알려야 합니다. 성도는 예수 그리스도께서 부활하심으로 사망 권세는 이제 힘을 잃기 시작했기 때문에 하나님 나라가 이 땅에도 임하게 되었다는 복된 소식을 선포해야 합니다.

예수님의 부활을 믿는 일은 1세기에 일어난 오래된 사건을 머리로 알고 마음으로 받아들이는 것으로 그칠 수 있는 문제가 아닙니다. 예수 그리스도의 부활은 "현재적인 소망"을 재발견하라는 외침이고, 다가올 "종말과 심판"에 관한 엄중한 경고이기도 합니다. 따라서 예수 그리스도의 부활을 통해 시작된 하나님 나라는 가야 할 곳이 아니라, "지금 이곳"에서 새롭게 창조되는 하나님의 역사입니다.

예수 그리스도의 부활을 믿고 고백하는 성도와 교회는 "부활의 능력"으로 활성화된 "하나님 나라"를 이 땅의 사람들과 피조물들에게 보여 주고, 또 경험하게 해야 합니다. 부활 신앙을 고백하며 살아가는 성도와 교회는 이웃을 사랑하고, 피조 세계를 돌보고, 불의에 맞서 항거하고, 가난한 자들의 이웃이 되어야 합니다. 왜냐하면, 하나님의 영(성령)이 지금 이 세상 가운데에서 그러한 일들을 하고 계시기 때문입니다. 성령 하나님께서 이 세상 곳곳에 부활의 능력이 나타나도록 역사하고 계시기 때문입니다.

그래서 이 세상에서 성도들의 삶의 현장, 성도들의 일상은 매우 중요한 의미를 갖습니다. 성도 한 사람 한 사람의 삶을 통해 하나님께서는 이 땅에 당신의 나라를 세워가고 계시기 때문입니다. 성도 개개인이 이 세상을 더 나은 곳으로 만들기 위해 하는 모든 수고를 통해 하나님께서는 이 세상을 재창조하고 계십니다.

물론 하나님 나라는 오직 하나님에 의해서만 세워지고, 확장되고, 회복됩니다. 다만 성도는 하나님 나라의 완성을 기대하면서 하나님께서 주신 소명을 받아 실행할 뿐입니다. 1990년대 초-중반을 휩쓸었던 일본 만화 『슬램 덩크』에 나오는 주인공 강백호의 명대사가 있습니다.

"왼손은 거들뿐!"

교회는 하나님 나라를 위해 단지 "왼손의 역할"만 하면 됩니다. 하나님 나라는 오직 "하나님 주권"에 의해서만 도래합니다. 피조물인 인간은 그 나라를 기다리는 입장에 있는 것이지, 그 나라를 만들어 가는 주체가 결코 아닙니다. 성도 개개인과 교회 공동체는 하나님께서 하실 큰 그림(비전, Vision)을 보면서, 각자에게 어떤 일을 하라고 부르셨는지 분별하고 순종해야 합니다.

따라서 성도 각자와 지역 교회들의 모든 사역과 봉사, 일상의 삶은 "하나님의 주파수에 맞추는 선교"가 되어야 합니다. 하나님께서는 지금도 이 세상에서 당신의 나라를 위한 "재창조" 사역을 하고 계십니다. 우리는 이것을 "하나님의 선교"(*missio Dei*, 미시오 데이)라고 부릅니다.

많은 경우 그리스도인들과 교회들은 성령님을 통해 일하고 계시는 하나님의 재창조 사역을 발견하지 못합니다.
그 이유는 무엇일까요?

하나님의 주파수가 아닌 다른 주파수에 초점을 맞추고 있기 때문입니다. 하나님의 재창조 사역과는 별개로 각자 자기 나름의 무언가를 창조해 내려고 노력하고 있기 때문입니다.

많은 경우 그리스도인들과 교회는 세상으로부터 단절되어서 세상 속에서 일하시는 하나님보다는 교회 안에서만 역사하시는 하나님을 찾으려고 노력합니다. 그래서 하나님께서 지금 이 세상 속에서 역사하고 계신다는 사실 자체를 간과할 때가 많습니다. 그러나 성도 개개인과 교회는 창조주이신 하나님께서 지금 이 세상에서 작업하고 계시는 "하나님 나라 프로젝트"가 무엇인지를 분별하고, 그것에 어떻게 참여할 것인가를 진지하게 고민해야 합니다.

교회의 사회 참여는 의문의 여지가 없는 "선교적 의무"입니다. 교회는 본질적으로 선교적 공동체로, 이 세상에 예수님의 부활과 하나님 나라의 도래를 선포해야 할 책임을 다해야 합니다. 현세와 내세를 구분하는 이원론에서 벗어나, 파괴된 이 세상을 "새 하늘과 새 땅"으로 바꾸실 하나님의 역사, "하나님 나라의 복음"을 이 세상에 보여주어야 합니다. 교회는 하나님 나라의 모델 하우스로서의 역할을 수행해야 하고, 어두움 가운데 있는 이 세상 속에서 빛을 발하는 "대안적 공동체"가 되어야 합니다.

예수님의 부활에 기초한 기독교적 희망은 도피적 피안적 세계관을 지향하지 않습니다. 그리스도인들과 교회는 그들이 속해 있는 현재의 세상을 그대로 내버려 두어선 안 됩니다. 악이 아무런 저지도 받지 않고 활동할 수 있게 하는 무관심은 엄중한 "직무 유기"입니다.

예수님께서는 당신의 제자들을 파송하시면서, "뱀처럼 지혜롭게, 그러나 비둘기처럼 순결하게" 대처할 것을 명령하셨습니다. 교회와 그리스도인들은 세상의 원리와 타협하지 않으면서도 세상과 협력해야 하고, 세상과 교회를 양극단에 놓고 구분하는 이원론에 빠지지 않으면서도 세상이 당연시하는 논리들에 대해 대립할 줄 아는 기술을 배워야 합니다. 공공의 선을 위해 때때로 교회와 그리스도인들은 교회 밖에서 이미 수행되고 있는 좋은 일들에 참여해야 합니다. 그러나 동시에 복음을 거스르거나 타협하라는 행동을 요구받을 수 있는 지점들을 늘 경계해야 합니다.

**부활: 사탄의 왕국에 뚫린 작은 구멍**

많은 분이 1998년 개봉된 짐 캐리 주연의 코미디 영화 <트루먼 쇼>를 기억하실 겁니다. 작은 섬에서 평범한 삶을 사는 30세 회사원인 주인공 트루먼 버뱅크는 완벽하게 지어진 스튜디오 안에 살고 있었습니다. 그는 5천 대 카메라로 24시간 방송되는 "트루먼 쇼"의 주인공으로, 220개국 17억 인구가 그의 일거수 일투족을 24시간 생방송으로 30년 동안 지켜보고 있었습니다.

그런데 어느날 갑자기, 하늘에서 그의 발 앞으로 조명이 떨어지는 사건이 발생합니다. 그리고 길을 걷다 죽은 아버지를 만나고, 자신의 일거수 일투족이 라디오로 생중계되는 것을 듣게 되는 등 이상한 일들을 겪게 됩니다. 지난 30년간 일상이라고 믿었던 모든 것이 수상하다고 느낀 트루먼은 "모든 것이 쇼"라는 말을 남기고 떠난 첫사랑 실비아를 찾아 피지섬으로 떠나기로 결심합니다. 결국, 트루먼은 계단 위로 난 문을 열고, 30년 동안 "세상의 실재"라고 믿었던 거대한 스튜디오를 탈출하게 됩니다. 트루먼이 마지막에 열고 나간 그 문은 "트루먼 쇼"를 만들었던 전체 스튜디오 공간에서 지극히 작은 구멍에 불과했습니다. 그러나 그 작은 구멍이 기존의 모든 세계관을 뒤집어 놓았습니다.

역사가 시작된 이래로, 죽은 자의 "부활"이란 개념은 이 세상에 존재하지 않았습니다. 인간을 비롯한 모든 피조물의 죽음은 당연한 현상이었습니다. 그런데 예수님의 부활을 통해 만고의 "자연법칙"이 깨지게 되었습니다. 마치 트루먼이 거대한 스튜디오에 작은 구멍을 낸 것처럼 예수 그리스도께서는 당신의 부활을 통해 사망의 저주로 덮혀 있던 온 우주에 생명의 빛을 들어오게 하는 작은 구멍을 내셨습니다. 예수님의 부활을 통해 생긴 작은 구멍을 통해 들어오는 빛을 보고, 모든 피조물은 "부활과 새 창조"라는 새로운 소망과 비전을 품을 수 있게 되었습니다.

성경이 말씀하는 부활은 멀리 있는 어떤 다른 세계에서 일어나는 사건이 아닙니다. 성경이 증거하는 부활은 우리가 지금 살고 있는 바로 이 세계 안에서, 우리의 육체를 새롭게 하실 뿐만 아니라 모든 피조물을 새롭게 하시는 전 우주적인 새 창조의 사건입니다. 부활을 믿고 고백하는 교회와 그리스도인들에게 "현재의 육체적인 삶"은 매우 소중합니다. 왜냐하면, 하나님께서 그 육체적인 삶을 위해 위대한 일을 준비하고 계시기 때문입니다.

**성도는 하나님 나라를 세우기 위해 일하시는 하나님의 거대한 "프로젝트"에 자신의 육체를 가지고 참여하도록 부름 받았습니다.**

교회와 성도들은 하나님 나라의 전체 그림에 대한 어렴풋한 그림은 가지고 있지만, 세세한 설계 도면은 가지고 있지 않습니다. 따라서 하나님 나라의 일꾼으로 부름 받은 교회와 성도들은 각각 자신에게 맡겨진 역할을 충실히 감당해야 합니다.

하나님께서 새롭게 건설하실 "하나님 나라, 천국, 새 에덴, 새 하늘과 새 땅"은 당신께서 처음 창조하신 이 세계의 시간-공간-물질을 포기하고, 시간과 공간과 물질이 없는 다른 세계로 이주시키는 것이 결코 아닙니다. 그래서 예수님께서는 "뜻이 하늘에서 이루어진 것처럼 땅에서 이루어지게 하소서"(마 6:10)라고 기도하도록 가르치셨습니다. 만약 하나님 나라가 이 땅 위에 세워질 것이 아니라면, 예수님께서는 굳이 "뜻이 하늘에서 이루어진 것처럼 땅에서 이루어지게" 해 달라고 기도하도록 가르치지 않으셨을 것입니다.

대신 "우리로 하여금 무사히 하늘로 올림을 받게 하소서"라고 기도하도록 가르치셨을 겁니다. 그러나 하나님께서는 지금 우리가 발을 딛고 살아가는 이 세계를 새롭게 변화시키셔서 당신의 나라를 "회복"하십니다.

교회는 하나님 나라가 이 땅 위에 임하고, "하늘에서와 같이 땅에서도 이루어질" 새 창조를 선포하고, 또 미리 보여 주기 위해 이 세상에 존재합니다. 모든 그리스도인은 자신의 일상, 자신의 삶의 현장에서 "하나님 나라"를 부분적으로나마 "구현"하기 위해 노력해야 합니다. 왜냐하면, 하나님께서 그들의 삶이 현장에서 당신의 나라를 일구고 계시기 때문입니다.

우리의 일상은 바로 하나님께서 당신의 나라를 만들어 가시는 "하나님의 작업실"입니다. 그러므로 성경이 증거하고 있는 복음은 이제 예수 그리스도의 부활을 통해 새롭게 조명되어야 합니다. 예수 그리스도의 십자가에만 집중되었던 조명을 이제는 그분의 부활로 옮기고, 그 부활을 통해 고대하게 되는 이 땅 위에 세워질 "하나님 나라"를 볼 수 있게 해야 합니다.

## 육체의 죽음 후 성도의 상태

지금까지 우리는 예수 그리스도의 부활이 복음의 절정이고, 성도의 육체 부활은 예수님께서 재림하시는 그날에 이 세상이 "새 에덴동산-하나님 나라"로 회복되는 날 온전히 성취될 것임을 보았습니다. 그런데 이 지점에서 자연스럽게 제기되는 질문이 있습니다.

"성도의 육체 부활이 예수님의 재림 때에 완성되는 것이라면, 예수님의 재림 이전에 죽은 성도들은 어디에 머물게 되며 어떤 상태로 존재하게 되는가?"

신학적으로, 사람이 죽어서 부활할 때까지의 기간을 "중간 상태"라고 부릅니다. 성경은 사람이 죽은 후에는 죽음 후부터 부활 때까지의 "중간 상태"와 부활 이후(예수님의 재림 후)의 "영원한 상태"의 두 단계를 거치게 될 것이라고 말씀합니다. 죽음 후의 중간 상태에서는 영혼만이 존재하지만, 부활 후의 상태에서는 영혼과 몸이 함께 있는 전인적 상태로 있게 됩니다.

사도신경을 통해 고백하는 "몸의 부활"은 바로 예수님의 재림과 함께 이 땅에 완성될 "하나님 나라"에서 갖게 될 "거룩하고 온전한 육체"로의 부활을 의미합니다. 중간 상태에 있는 비신자들은 영혼의 고통 가운데서 최후의 심판을 기다리게 됩니다. 그러나 신자들은 비록 그들의 죽은 몸은 무덤에 있을지라도 그 영혼은 곧바로 그리스도와 함께 "하늘"의 기쁨을 누리는 동시에 하나님의 구속 역사의 완성인 "예수 그리스도의 재림"을 기다리게 됩니다.

이때 신자들이 그리스도와 함께 머무는 곳이 바로 "낙원"입니다. 우리가 흔히 말하는 "천당"이 바로 "낙원"입니다. 십자가 위에서 예수님께서는 강도에게 말씀하셨습니다.

> 내가 진실로 네게 이르노니, 오늘 네가 나와 함께 낙원에 있으리라
> (눅 23:43).

사도 바울 역시 "셋째 하늘"에 올라갔던 경험을 말하는데(고후 12:2), 그곳 역시 하나님께서 계신 "낙원"입니다.

웨인 그루뎀이란 조직 신학자는 "낙원이란 '하늘'에 대한 다른 이름일 뿐"이라고 말했고, 안토니 후크마라는 조직신학자 역시 "낙원이란 하늘, 즉 복된 죽은 자들의 영역 그리고 하나님의 특별한 처소"라고 설명했습니다. 따라서 신자들은 그들의 죽음과 부활 사이의 기간 동안에도, 그리스도와 함께 하는 삶을 누리게 됩니다.

"예수 천당, 불신 지옥"으로 요약된 "축소된 복음"을 듣고 배워 온 대부분의 그리스도인들은 부활 이전까지 영혼이 잠시 머물게 되는 "낙원"을 영원히 살게 될 "천국-하나님 나라"로 오해해 왔습니다. 그러나 낙원은 예수님의 재림과 함께 "최종적으로 완성될" 하나님의 나라가 아닙니다. 낙원은 단지 예수님의 재림 때가 올 때까지, 성도들의 영혼들이 "잠시 머무는" 곳입니다. 예수님께서 재림하실 때 낙원에 있던 성도들은 모두 부활한 "신령한 몸"을 입고 새 하늘과 새 땅에서 영생하게 됩니다.

그래서 신학자 톰 라이트는 성도들이 죽으면 "하늘에 간다"는 말이 꼭 틀린 말은 아니지만 될 수 있는 대로 이 용어를 쓰지 말 것을 권장하고 있습니다. 왜냐하면, 성도들의 "궁극적 지향점"은 영혼의 상태로 낙원에 머무는 것이 아니라, 이 땅에 위에 세워질 "하나님 나

라, 새 에덴 동산, 새 하늘과 새 땅"에서 부활한 육체를 가지고 하나님의 백성으로 살게 될 것을 망각하거나 오해할 수 있기 때문입니다. 따라서 신자들의 "사후 중간 상태"는 그 영혼이 "하늘, 낙원, 천당"에 머물게 될 것이고, 예수님의 재림 때에 부활한 신령한 육체는 "하나님 나라, 새 하늘과 새 땅"에 영원히 있게 될 것이라고 이해하는 것이 좋습니다.

[ 소그룹 나눔을 위한 질문 ]

1. "부활과 하나님 나라"에 대해 새롭게 알게 되었거나 가장 중요하다고 생각되었던 것은 무엇입니까?

2. 대다수의 사람은 "구원"은 죽은 후에 "천국"에 가는 것이라고 생각합니다. 그러나 구원은 죄의 대가인 사망에 대한 "하나님의 승리"입니다.
이러한 구원에 대한 새로운 정의에 동의합니까?
만약 동의한다면, 구원에 대한 새로운 이해가 당신의 신앙생활에 어떤 변화를 줄 수 있다고 생각합니까?

3. "오랫동안 교회는 세상과 교회를 양극단에 놓고, 교회 안에서만 역사하시는 하나님을 찾으려고 노력해 왔다"는 저자의 진단에 동의합니까?
성도 각자가 "이원론적 신앙"을 극복하고 일상 속의 선교사로 살 수 있도록 하기 위해 교회는 어떤 노력을 기울여야 한다고 생각합니까?

4. 육체의 죽음 이후 예수님의 재림 때까지의 성도의 "중간 상태"에 관한 설명은 "부활의 복음"을 이해하는 데 어떤 도움을 주었습니까?

# 6
## 절정 II: 승천과 하나님 나라

　기독교 전통에서는 성탄절, 사순절, 부활절 같이 매해 반복되는 "중요한 절기"들을 지키고 있습니다. 이와 같은 절기들은 본래 교회력(The Church Year)이란 것에서 나왔습니다. 교회력은 예수 그리스도의 탄생, 죽음, 부활, 승천 및 재림 등을 통해 완성된 "구원의 역사"를 1년 주기로 재현한 것입니다. 그런데 종교개혁 이후로 대부분의 교회에서 망각된 주요 절기가 있습니다. 바로 "승천절"(The Day of Ascension)입니다.

　사도신경(사도들의 신앙고백)을 통해 그리스도인들은 아주 분명하게 예수님의 승천(하늘로 올라가심)을 고백하고 있습니다.

　　하늘에 오르사 하나님의 우편에 앉아 계시다가, 저리로서 산 자와 죽은 자를 심판하러 오시리라(사도신경).

　(여기서 "저리로서"는 "그곳으로부터"입니다. 즉, "예수님이 앉아 계신 하나님 보좌 우편으로부터"라는 뜻입니다.) 복음서를 기록한 사람들은 예수님의 승천에 대해 아주 간단하게 기록했습니다. 그러나 초대 교회에서는 예수님의 승천을 기정사실로 믿고 있었고, 예수님께서 하늘로부터 이 땅에 다시 오실 것을 믿음으로 기다리고 있었습니다(예수님의 재림에 대해서는 다음 장에서 살펴보겠습니다).

## 하늘로 올라가신 예수님

전통적으로, 예수님의 승천을 기념하는 "승천절"은 예수님의 구속 사역을 기념하는 부활절부터 오순절 성령 강림 주일까지의 "기쁨의 50일" 기간 동안에 지켜졌습니다. 따라서 예수님의 승천은 개별적인 사건이 아니라, 부활에서부터 시작된 예수님의 "구속 사역"의 일부로 이해해야 합니다.

대부분의 교회에서는 승천절이 그다지 중요하게 지켜지지 않고 있습니다. 그러나 예수님의 승천은 당신의 성육신 사역을 마무리 짓는 매우 중요한 사건이었습니다. 예수님께서 인간의 몸을 입고 이 땅에 오신 성육신(Incarnation)은 예수님의 승천에서 최고조의 절정에 이릅니다. 따라서 복음을 이해하는 데 있어서, 예수 그리스도의 부활과 승천, 그후 계속되는 하늘에서의 그분의 사역에 대해 이해하는 것은 매우 중요합니다(그래서 부활과 승천은 모두 "절정"에 해당합니다).

예수님께서 승천하신 "하늘"은 우주 저 너머의 새로운 공간이 아닙니다. 성경이 기록될 당시의 사람들은 우주가 삼층(하늘, 땅, 땅 아래 구덩이)으로 되어 있다고 생각했습니다. 그러나 성경에서 말하는 하늘은 물리적 개념이 아니라, 하나님의 지위와 능력을 상징하는 "그림 언어"입니다. 성경에 나오는 "하늘"은 인간의 인식과 감각을 초월하는 곳으로, "하나님께서 활동하시는 곳, 하나님의 능력이 미치는 영역"입니다. 따라서 **"하늘에 하나님이 계신 것"**이 아니라, **"하나님이 계신 곳"**이 바로 **"하늘"**입니다.

그러면 예수님의 승천은 인간을 비롯한 모든 피조물에게 왜 중요할까요?

**첫째, 예수님의 승천은 예수님의 신성(하나님 되심, divinity)에 대한
명백한 증거를 보여 주기 때문입니다.**

> 주님께서 내 주님께 말씀하시기를, 내가 네 원수를 네 발 아래에 굴복시키
> 기까지, 너는 내 오른쪽에 앉아 있어라 하셨습니다. 그러므로 이스라엘 온
> 집안은 확실히 알아두십시오. 하나님께서는 여러분이 십자가에 못박은 이
> 예수를 주님과 그리스도(메시아)가 되게 하셨습니다
>
> (행 2:35-36, 표준새번역).

하나님께서는 예수님을 "주와 그리스도"가 되게 하셨습니다. 여기서 "주"는 우주 만물을 "통치하는" 권세를 가진 분입니다. 그리고 헬라어 "그리스도"는 히브리어로 "메시아"입니다. 즉, 하나님께서는 예수님의 승천을 통해 그가 바로 구약시대 많은 선지자가 예언한 바로 그 "메시아"(구원자)임을 확증하셨습니다.

**둘째, 예수님의 승천은 예수 그리스도 안에서의 하나님의 사역이
완성되었음을 의미하기 때문입니다.**

예수님의 승천은 하나님께서 예수 그리스도의 성육신을 주도하셨고, 그분을 통해 십자가 사역을 감당하게 하셨고, 그분의 부활을 통해 예수님의 지상 사역을 친히 완성하셨다는 것을 우리에게 가르쳐 줍니다. 예수님께서 승천하신 후 빈 하늘을 보던 사람들에게 천사가 나타나서 이렇게 말했습니다.

> 갈릴리 사람들아, 왜 여기 서서 하늘만 계속 쳐다보고 있느냐? 너희를 떠나 하늘로 올라가신 예수께서는, 너희들이 지금 하늘로 올라가신 것을 본 것과 똑같은 방식으로 다시 내려오실 것이다 (행 1:11, 쉬운 성경).

성경은 분명하게, 예수님께서 하늘로 "올림"을 받으셨다고 증거합니다. 하나님의 영이신 성령으로 잉태되어 이 땅에 보냄 받으신 예수님께서는 하나님의 손에 의해 하늘로 올림을 받으셨습니다. 이로써, 예수님의 지상 사역은 삼위일체 하나님의 역사를 통해 완성되었습니다.

**셋째, 예수님의 승천은 타락한 창조 세계가 장차 회복될 수 있음을 보여 주기 때문입니다.**

예수님의 부활은 단지 예수님의 개인적인 사건이 아닙니다. 예수님의 부활은 앞으로 하나님의 모든 창조 세계가 예수 그리스도 안에서 "회복"(Restoration)되고 "재창조"(Recreation) 될 것을 미리 맛보게 하신 사건입니다. "새 하늘과 새 땅", "새 창조", "새 에덴 동산"이 바로 예수님의 부활을 통해 가능하게 되었습니다. 왜냐하면, 예수님께서 "죽은 자 가운데서 다시 살아 잠자는 자들의 첫 열매"(고전 15:20)가 되셨기 때문입니다. 사망의 권세를 이기시고 죽음에서 부활하신 예수 그리스도께서는 사탄의 권세로 덮인 이 어두운 세상에 참된 희망의 빛줄기가 들어올 수 있는 구멍을 내셨습니다. 하나님의 "회복"의 역사는 예수님께서 "부활의 첫 열매"가 되심으로써 이 땅에 "활성화"(Activation)되었습니다.

그런데 이와 같은 모든 창조 세계의 회복은 예수님께서 이 땅에 다시 오시는 "재림"의 때에 완성됩니다. 따라서 예수님의 승천은 앞으로 이루어질 이 모든 사건을 미리 보여 주시는 "예고편"(Preview)입니다. 하나님 보좌 우편에 계신 예수님께서는 온 세상을 내려다 보며 통치할 수 있는 "중앙 통제실"의 최고 책임자로서, 지금도 우주 만물을 다스리고 계십니다.

그러면 이 일은 어떻게 가능하게 되었을까요?

> 그러므로 하나님께서는 그를 가장 높은 자리에 올려 주시고, 그에게 모든 이름들 위에 뛰어난 이름을 주셨습니다. 그리하여 하늘에서나 땅 위에서나 땅 아래에 있는 모든 만물이 예수의 이름 앞에 무릎을 꿇고, 다 함께 입을 모아 예수 그리스도가 주이심을 고백하게 하심으로써, 아버지 하나님께 영광을 돌리게 하셨습니다(빌 2:9-11, 쉬운 성경).

십자가를 지심으로 하나님의 말씀에 순종하셨고, 부활하심으로 사망 권세를 이기신 예수님께서는 창조주이신 하나님으로부터 "하늘과 땅의 모든 권세"를 받으셨습니다(마 28:18). 또한, 예수님께서 승천하셔서 하늘의 보좌에 앉으신 것은 곧 그가 교회의 머리가 되실 뿐만 아니라, 모든 피조물의 머리가 되심을 의미합니다. 그래서 예수님께서는 모든 만물을 다스리실 수 있고, 모든 만물은 예수님의 다스림에 순복할 수밖에 없습니다.

승천하신 예수님만이 가장 궁극적인 통치자이십니다. 예수 그리스도만이 모든 통치자 위에 계신 만 왕의 왕이십니다. 따라서 하나님 보좌 우편에 계신 예수님께서는 교회뿐만 아니라, 전 세계의 정치,

경제, 사회, 문화는 물론이고, 전체 피조 세계에 일어나고 있는 모든 문제를 관장하고 계십니다.

**넷째, 예수님의 승천은 전 세계 교회의 사명이 무엇인지를 깨닫게 하기 때문입니다.**

예수님의 부활과 승천은 만물이 그리스도 예수 안에서 "회복"될 것을 분명하게 보여 줍니다. 그런데 이 회복은 "회개"로부터 시작됩니다. 예수님께서는 당신의 공생애 시작부터 마무리까지, 오로지 회개를 통해서만 들어갈 수 있는 "하나님 나라"의 복음을 선포하셨습니다. 그리고 제자들에게 "회개하여 하나님 나라에 속한 백성이 되라"는 이 "복음"의 말씀을 전하라고 명령하셨습니다. 그뿐만 아니라, 예수님께서는 부활하신 후 승천하시기까지 40일 동안 "하나님 나라의 일"을 말씀하셨습니다(행 1:3).

> 요한이 잡힌 후 예수께서 갈릴리에 오셔서 하나님의 복음을 전파하여 이르시되 때가 찼고 하나님 나라가 가까이 왔으니 회개하고 복음을 믿으라 하시더라(막 1:14-15).

> 또 그의 이름으로 죄 사함을 받게 하는 회개가 예루살렘에서 시작하여 모든 족속에게 전파될 것이 기록되었으니(눅 24:47).

예수님께서 공생애 시작부터 선포하신 복음의 내용은 바로 모든 피조 세계의 회복이었습니다. 그리고 이 회복은 오직 "회개"를 통해 하나님 나라에 속한 사람들에게만 주어지는 복입니다. 따라서 "회개하여 하나님 나라의 백성이 되게 하는 복음"을 선포하는 것이 바로 예수님께서 말씀하신 "하나님의 일"입니다.

제자들은 메시아로 오신 예수님께서 "이스라엘"을 로마의 압제로부터 해방시키실 것으로 기대했었습니다. 그래서 예수님의 승천이 임박했을 때 제자들은 예수님께 이렇게 여쭈었습니다.

> 예수님, 이제 하늘로 올라가시기 전에, 이스라엘은 언제 회복하실 예정이십니까?(행 1:6).

그러나 예수님께서 사도들에게 말씀하신 "하나님 나라의 일"은 "이스라엘 나라"만의 회복이 아니었습니다. 이스라엘 회복에 대한 제자들의 질문에 대해, 예수님께서는 이렇게 대답하셨습니다.

> 이르시되 때와 시기는 아버지께서 자기의 권한에 두셨으니 너희가 알 바 아니요 오직 성령이 너희에게 임하시면 너희가 권능을 받고 예루살렘과 온 유대와 사마리아와 땅 끝까지 이르러 내 증인이 되리라 하시니라(행 1:7-8).

예수님께서 제자들에게 위임하신 일은 이스라엘뿐만 아니라 온 세상의 회복이었습니다. 교회와 성도는 예루살렘과 온 유대와 사마리아와 땅끝까지 이르러, 하나님 나라의 "회개"의 메시지를 선포하도록 부름 받았습니다. 따라서 예수님의 승천은 제자들과 교회들에 거룩한 일을 맡기신 "위임식"이었습니다. 이제 교회와 성도들은 하나님 나라의 "대리인"(Agent)으로서의 삶을 살아 내야 할 사명을 갖게 되었습니다.

**다섯째, 예수님의 승천은 교회와 성도들이 하나님의 능력으로 무장되게 하기 때문입니다.**

예수님께서는 제자들에게 그들의 힘만으로 "하나님 나라의 일"을 수행하도록 방치하지 않으셨습니다. 대신 예수님께서는 당신께서 하늘로부터 주실 선물에 대해 약속하셨습니다.

> 그러나 내가 너희에게 실상을 말하노니 내가 떠나가는 것이 너희에게 유익이라 내가 떠나가지 아니하면 보혜사가 너희에게로 오시지 아니할 것이요 가면 내가 그를 너희에게로 보내리니 (요 16:7).

> 오직 성령이 너희에게 임하시면 너희가 권능을 받고 예루살렘과 온 유대와 사마리아와 땅 끝까지 이르러 내 증인이 되리라 하시니라 (행 1:8).

예수님께서 승천하신 후에 주시겠다고 약속하신 선물은 바로 "성령 하나님"입니다. 성령님께서는 예수님의 제자들에게 권능을 주십니다. 왜냐하면, 성령님의 권능을 받지 않고는 예루살렘과 온 유대와 사마리아와 땅끝까지 이르러 "하나님 나라의 일"을 할 수 없기 때문입니다.

예수님께서는 공생애를 시작하시기 전, 요단강에서 세례 요한에게 물세례를 받으셨습니다. 바로 이때 성령님께서 하늘로부터 비둘기처럼 예수님의 머리 위에 내리셨습니다. 이때로부터 예수님께서는 성령의 이끄심을 따라 하나님의 뜻을 수행하셨습니다. 예수님의 제자들 역시 하나님 나라의 일을 하기 전에 예수님께서 받으셨던 "성령의 세례"를 받아야 했습니다. 따라서 예수님께서 승천하셔서 하신 가장 중요한 일은 제자들에게 약속하신 성령님을 보내신 일이었습니다. 바로 오순절 성령강림 사건이 그것입니다.

> 이 예수를 하나님이 살리신지라 우리가 다 이 일에 증인이로다 하나님이 오른손으로 예수를 높이시매 그가 약속하신 성령을 아버지께 받아서 너희가 보고 듣는 이것을 부어 주셨느니라 (행 2:32-33).

오순절에 마가의 다락방에 모였던 120여 명의 제자들에게 임하신 성령님께서는 오늘날 교회와 성도들 안에서도 일하고 계십니다. 왜냐하면, 아직 "하나님 나라의 일"이 남아 있기 때문입니다. 아직 예수님께서 이 땅에 다시 오실 날이 남아 있기 때문입니다.

예수님께서 맡기신 "하나님 나라의 사명 – 세상의 회복과 하나님 나라의 완성"을 위해 예수님께서는 오늘도 당신의 제자들을 진리와 권능으로 무장시키십니다. 예수님께서 승천하심으로써 이 땅에 성령님이 오셨습니다. 만약 예수님께서 승천하지 않으셨다면, 성령님의 오심은 불가능 했습니다. 예수님의 승천은 성령님의 시대를 여는 분기점이 되었습니다.

## 사도들이 증거한 복음: 유앙겔리온

"복음"(福音, Good News)은 헬라어로 "유앙겔리온"(εὐαγγέλιον)입니다. 고대 로마 시대에는 황제와 관련된 모든 좋은 소식을 "유앙겔리온"이라고 불렀습니다. 황제의 생일, 즉위식, 정치적·군사적 승전보 등이 모두 "유앙겔리온"이었습니다. 이 "유앙겔리온"을 제국 전체에 전하기 위해 전령관(kerux: 케룩스)은 말을 타고 여러 도시를 다니면서, 이렇게 외쳤습니다.

"여기에 유앙겔리온이 있다!"

이때 전령관이 전하는 내용을 "케리그마"(Kerygma)라고 불렀습니다. 나라에 중요한 일이 있고 그로 인해 백성들의 삶에도 큰 변화가 있을 때마다, 로마의 전령들은 온 나라에 다니면서 이렇게 외치고 다녔습니다.

"유앙겔리온! 유앙겔리온!"

따라서 로마제국 전 지역에서 살고 있던 사람들은 "복음-유앙겔리온"이라는 단어를 들었을 때에 자연스럽게 이렇게 생각했습니다.

"저 유앙겔리온은 황제에 대한 어떤 소식이구나!
지금 이 소식이 곧 내 삶 전체를 바꾸어 놓겠구나!"

오순절 성령 강림 사건을 통해 "성령의 능력"을 받은 사도들과 초대 교회 성도들은 스데반 집사의 순교 이후 로마제국 곳곳으로 흩어지면서 "복음"을 전했습니다. 그런데 신약성경의 복음서 기자들은 사도와 성도들이 전한 "복음"을 설명하고자 할 때 바로 이 "유앙겔리온"이란 단어를 차용했습니다. "복음"이란 단어가 "유앙겔리온"으로 번역된 것은 결코 우연이 아닙니다. 왜냐하면, 흩어진 초대 교회 성도들이 전한 "복음-유앙겔리온"은 "예수 그리스도께서 모든 피조 세계 위에 '완전한 평화의 나라'를 건설하시는 왕이 되셨다"는 혁명적인 소식이었기 때문입니다.

예수님께서 승천하시는 그 순간까지, 제자들은 "이스라엘 나라의 회복"을 기대하고 있었습니다. 유대인이었던 그들은 구약으로부터 예언된 메시아가 자신들을 강대국의 압제에서 풀어 주고, 다윗 왕조의 영광을 회복하실 것으로 기대했기 때문입니다. 그러나 오순절 성령 강림 사건 이후, "성령의 능력"을 받은 사도들과 초대 교회 성도들은 "예수님께서 로마제국을 허물고 이스라엘 나라를 새롭게 시작하셨다는 소식"을 전하지 않았습니다.

그들이 전한 복음은 우주 만물의 창조주이시고, 만왕의 왕이 되시는 하나님께서 육신의 옷을 입으시고, 친히 하늘로부터 이 땅에 오셨다는 소식이었습니다. 십자가에서 죽으셨으나 3일 만에 부활하셔서 죄와 사망의 권세에 대해 승리하셨다는 소식이었습니다. 이제 이 새로운 왕, 평화의 왕께서 하늘 보좌에 앉으셔서 모든 우주 만물을 다스리기 시작했다는 소식이었습니다. 그리고 이제 곧 그의 나라를 완성하기 위해 예수 그리스도께서 이 땅에 다시 오실 것이라는 소식이었습니다.

이 복음은 모든 민족에게 미치는 "좋은 소식-유앙겔리온"이었습니다. 로마의 황제가 건설한 제국의 평화, "팍스 로마나"(Pax Romana)는 로마인들만을 위한 "좋은 소식"이었습니다. 그러나 예수 그리스도께서 이 땅 위에 시작하신 "하나님 나라"는 모든 사람, 온 우주의 모든 피조물에게 미치는 "가장 궁극적이고 가장 완벽한 평화"입니다.

하나님께서는 예수 그리스도를 이 땅에 보내셔서 "하나님 나라 회복"을 위한 신호탄을 "이미"(already) 쏘아 올리셨습니다. 예수님께서 사흘 만에 죽음 가운데서 부활하심으로서 "하나님 나라"는 이미 시작되었습니다.

그러나 "하나님 나라"의 완성은 예수님께서 재림하시는 그날까지 "유보"되었습니다. 예수 그리스도께서 이 땅에 다시 오셔서 "에덴의 창조 질서, 하나님 나라"가 완전히 회복되고, "새 하늘과 새 땅"이 완성되는 "그날-주의 날"(The Lord's Day)은 아직 오지 않았습니다. 그리고 우리는 지금 예수님의 "초림"과 "재림" 사이의 시간, "종말의 때"(The Last Days)를 살고 있습니다.

그리고 이 종말의 때를 살아가는 교회와 그리스도인들의 사명은 바로 만왕의 왕에 관한 "복음-유앙겔리온"을 온 세상에 널리 전하는 일입니다. 그렇게 함으로써 교회와 그리스도인들은 만왕의 왕께서 다시 오실 길을 준비해야 합니다. 더 많은 사람이 영원한 심판에 이르지 않도록 그들을 준비시켜야 합니다. 교회와 그리스도인들은 "하나님 나라가 이미 왔고 주님께서 다시 오실 날이 가까이 왔으니, 회개하고 복음을 믿으라!"고 선포하는 일에 전력을 다해야 합니다.

[도표 9. 예수님의 초림과 재림 사이의 종말의 때]

## 승천: 마무리 그리고 새로운 시작

예수님의 승천은 지상 사역의 마무리이며, 동시에 앞으로 완성된 하나님 나라를 위한 새로운 사역의 시작입니다. 그래서 중세 기독교 역사상 가장 위대한 신학자 중 한 명으로 평가되는 어거스틴은 예수님의 승천의 중요성에 대해 이렇게 썼습니다.

> 모든 기독교 절기들이 주는 은혜를 최종적으로 확증하는 절기가 바로 승천일이다. 이 절기가 없다면 모든 절기들의 유익이 사라질 것이다. 예수님께서 하늘로 올라가시지 않았다면, 그분의 출생은 아무런 의미가 없을 것이며, 그분의 수난 역시 우리에게 아무런 유익을 주지 못했을 것이다. 그리고 그분의 가장 거룩한 부활 역시 아무런 쓸모가 없게 되었을 것이다.

예수님의 성육신 사역의 최대 절정으로서의 승천은 교회와 성도들이 이 땅에서 해야 할 일을 명확하게 보여 주고 있습니다. 바로 하나님 나라의 복음을 땅 끝까지 이르러 선포하는 일입니다.

"예수님께서 다스리신다!
마귀는 그의 보좌에서 끌어 내려졌다!
새로운 통치자께서 다스리시는 새로운 시대와 나라가 오고 있다!
회개함으로 새로운 왕의 통치를 받아들이라!"

모든 나라와 민족을 제자로 삼아야 할 예수님의 제자들은 바로 이 복음의 메시지를 입으로 선포하고, 또 삶으로 보여 주어야 합니다. 이것이 바로 예수님의 승천이 교회와 성도들에게 주는 중요한 교훈입니다.

## [ 소그룹 나눔을 위한 질문 ]

1. "승천과 하나님 나라"에 대해 새롭게 알게 되었거나 가장 중요하다고 생각되었던 것은 무엇입니까?

2. 예수님의 승천은 부활과 더불어 복음의 "절정"으로 설명되었습니다.
   복음에 대한 이러한 접근은 기존의 "구속사적 관점"에 입각한 복음 설명과 서로 충돌한다고 생각합니까, 아니면 복음에 대한 더 폭넓은 이해를 제공한다고 생각합니까?

3. 승천하신 예수님께서는 성도 개개인과 교회 위에 하나님의 영이신 "성령"을 선물로 허락하셨습니다.
   성도는 왜 "성령의 충만함"을 받고, 또 유지해야 합니까?
   성령님의 인도하심을 받기 위해 우리가 해야 할 일은 무엇이라고 생각합니까?

4. 사도들이 전한 복음은 "부활하신 예수님께서 마귀를 그의 보좌에서 끌어 내리셨고, 이 세상 위에 새로운 나라를 시작하셨다"는 소식이었습니다.
   이 복음을 온 세상에 선포하기 위해 나의 삶의 현장에서 지금 내가 해야 할 일은 무엇이라고 생각합니까?

## 7
## 대단원: 재림과 하나님 나라

이제 드디어 "대단원"에 해당하는 예수님의 재림입니다. 교회와 성도들은 현재 "이미"(Already)와 "아직"(Not Yet)의 긴장 속에서 살고 있습니다. 예수 그리스도의 부활과 승천을 통해 이 세상에는 "이미" "하나님 나라-새 하늘과 새 땅"이 시작되었습니다. 마치 큰 댐을 터트릴 수 있는 작은 구멍이 생긴 것처럼, 사탄의 나라를 무너뜨리고 이 땅 위에 회복될 하나님 나라는 이미 시작되었습니다.

그러나 "아직" 이 세상에는 완벽한 "화해와 회복"이 성취되지 않았습니다. 하나님 나라의 완성은 주님께서 다시 이 땅에 오실 때에 이루어집니다. 이와 같은 "이미"와 "아직" 사이의 긴장의 시간이 바로 "종말"(마지막 때, The Last Days)입니다.

### 예수님의 재림은 정말 있는가?

많은 사람이 예수님의 초림에 대해서 믿지 않습니다. 그러나 예수님의 재림에 대해서는 믿지 않는 것을 넘어서, 거부 반응과 적대적인 감정을 갖고 있습니다.

아마도 1992년 10월 28일 예수님께서 재림하실 것이고, 세계는 종말을 고하고, 신도들은 하늘로 들림을 받게 될 것이라고 했던 다미선교회의 "시한부 종말론" 때문에 그런 것이 아닌가 생각합니다. 또한, 1992년 예수님의 재림은 불발했지만, 오늘날에도 "시한부 종말론"

을 가지고 "오직 선택된 자만이 천국에 들어가서 이 세상 위에서 왕 노릇 할 수 있다"고 가르치는 이단-사이비 종교들이 사회적으로 큰 무리를 일으키고 있기 때문이 아닌가 생각합니다.

이런 이유로 교회 내에서 예수님의 재림에 대해 가르치거나 언급하는 일은 매우 꺼려지게 되었습니다. 혹시라도 "시한부 종말론자"로 오해받을 수 있기 때문입니다. 그러나 사도 베드로는 이렇게 말했습니다.

> 무엇보다도 여러분은 꼭 알아야 할 것이 있습니다. 그것은, 세상 마지막 때에 조롱하는 자들이 나타나서, 자신들의 악한 욕망에 따라 살면서 여러분을 비웃고 조롱할 것이라는 사실입니다. 그들 조롱하는 자들은 여러분을 비꼬며 말하기를 "그리스도가 다시 오신다는 약속은 도대체 어찌 된 것이냐? 보아라, 아주 오랜 옛날부터 우리 조상들이 죽은 이래로, 세상 만물은 하나도 달라지지 않고 처음 창조된 그대로 있질 않느냐?"라고 할 것입니다. 이렇게 그들은, 태초에 하나님께서 말씀으로 하늘과 땅을 지으실 때 땅은 물에서 솟아나와 물로써 이루어졌다는 사실과, 또 그 당시 물이 차고 넘침으로 인해 옛 세상이 완전히 멸망되고 말았다는 사실을 일부러 무시하고 있습니다(벧후 3:3-6, 쉬운 성경).

사도 베드로는 노아의 홍수가 있기 전 사람들은 "하나님의 심판의 경고"를 무시했고, 그로 말미암아 "홍수 심판"을 받았다고 말했습니다. 그러면서 말세에도 자신의 정욕을 좇아 사는 이들이 "예수님의 재림에 대한 약속이 어디 있는가"라고 말하게 될 것이라고 경고했습니다. 하나님께서는 예수님의 재림의 때를 늦추고 계십니다. 그래서 많은 사람이 예수님께서 다시 이 땅에 오시지 않을 것이라고 단정짓고 있습니다. 그러나 성경은 예수님의 재림에 대해 확실히 말하고 있습니다.

구약성경에는 그리스도의 "초림"에 대해 예언이 456번 나옵니다. 그런데 그 많은 예언 중 상당수가 예수님의 "재림"을 함께 예언하고 있습니다. 특별히 욥기 19장 25-26절, 다니엘 7장 13-14절, 스가랴 14장 4절, 말라기 3장 12절에는 예수님의 재림에 대해서만 명확하게 예언하고 있습니다.

신약성경에는 예수님의 재림을 가리키는 말씀이 318번 나옵니다. 예수님의 재림에 관한 말씀이 신약성경 전체에 걸쳐 평균 25절마다 한 번씩 나오는 셈입니다. 특별히 마태복음 24-25장, 마가복음 13장, 누가복음 21장은 전적으로 예수님의 재림에 대해서만 말하고 있습니다. 또한, 데살로니가전서, 데살로니가후서, 요한계시록은 그리스도의 재림을 전체 주제로 삼고 있습니다.

이와 같이 신-구약성경은 예수 그리스도의 재림에 대해 상당히 중요하게 다루고 있고, 또한, 확실히 성취될 일로 말하고 있습니다. 따라서 그리스도의 재림을 부인하는 것은 곧 성경 전체를 부인하는 것과 같습니다.

## 예수님의 재림 목적

승천하신 예수님께서 이 땅에 다시 오시는 목적은 바로 "하나님 나라의 완성"입니다. 그런데 이 세상에 다시 오신 예수님께서는 먼저 "구원할 자"와 "벌할 자"를 구분하십니다. 이와 같은 최후 심판의 결과로 어떤 사람들은 영원한 생명을 얻고, 어떤 이들은 영원한 형벌을 받습니다. 이 예수님의 최후 심판의 대상은 이미 죽은 자들과 예수님 재림 당시에 살고 있는 모든 사람입니다.

죽은 자들은 다시 살아서 최후의 심판을 받게 될 것이고, 살아 있던 자들은 다시는 죽지 아니할 몸으로 변형되어 심판을 받게 됩니다. 그래서 예수님께서는 말씀하셨습니다.

> 때가 이르리니 무덤 속에 있는 사람은 심판의 부활을 받으리라 (요 5:28-29).

사도 바울 또한 말했습니다.

> 마지막 나팔에 순식간에 홀연히 다 변화하리니 나팔 소리가 나매 죽은 자들이 썩지 아니할 것으로 다시 살고 우리도 변화하리라 (고전 15:51-52).

예수님의 재림의 궁극적인 목적은 "최후 심판"이 결코 아닙니다. 그러나 이 세상에서 하나님 나라를 회복하시고 완전하게 하시기 위해 예수님께서는 모든 악한 것을 몰아 내실 것입니다. 완전히 새롭게 회복된 "새 에덴 동산", "하나님 나라", "새 하늘과 새 땅"에는 하나님의 통치를 거부하는 "죄"가 존재할 수 없기 때문입니다. 오직 예수 그리스도를 구주로 고백하고 하나님의 통치를 받는 삶을 살았던 이들만이 이 회복된 하나님 나라에서 영원한 생명을 누리게 됩니다.

## 예수님의 재림 방법

사도행전 1장 11절을 보면 예수님의 승천을 본 제자들에게 나타난 천사는 이렇게 말했습니다.

> 가로되 갈릴리 사람들아 어찌하여 서서 하늘을 쳐다보느냐 너희 가운데서 하늘로 올리우신 이 예수는 하늘로 가심을 본 그대로 오시리라 하였느니라 (행 1:11).

요한계시록 1장 7절에서 사도 요한 역시 이렇게 말했습니다.

> 볼찌어다 구름을 타고 오시리라 각인의 눈이 그를 보겠고 그를 찌른 자들도 볼터이요 땅에 있는 모든 족속이 그를 인하여 애곡하리니 그러하리라 아멘 (계 1:7).

고린도전서 15장 52절에서 사도 바울은 이렇게 말했습니다.

> 나팔 소리가 나매 죽은 자들이 썩지 아니할 것으로 다시 살고 우리도 변화 하리라 (고전 15:52).

위의 말씀들을 종합해 보면, 예수님의 재림은 당신의 초림과는 전혀 다른 방식이 될 것임을 알 수 있습니다. 예수님의 초림은 양을 치던 목자들과 동방에서부터 별을 따라온 박사들 정도밖에는 알 수 없을 정도로 매우 조용했습니다. 그러나 예수님께서 이 땅에 재림하실 때에는 만왕의 왕으로 하나님 나라의 통치자로 영광스럽게 오실 것이기에 지상에 살아 있는 모든 사람이 명백하게 "예수님의 재림"을 알 수 있을 것입니다.

## 예수님의 재림 시기

미국에서 실제로 있었던 일이라고 합니다. 어느 날 워싱턴 D.C.에 있는 우정공사 총재 보좌관은 전화를 받았습니다.

"예수님의 재림을 기념하는 우표를 발행하라."

너무나 황당한 요청에 대해, 그는 이렇게 대답했습니다.

"만약에 당신이 그 정확한 시간과 장소를 말해 준다면, 예수님의 재림을 기념하는 우표를 발행하겠습니다!"

이 황당한 사건이 신문 지상을 통해 보도되었을 때, 실제로 우정공사 총재 보좌관 앞으로 "예수님이 재림하시게 될 시간과 장소를 알고 있다"라고 주장하는 십여 통의 편지가 도착했습니다. 그러나 결과적으로, 예수님의 재림을 기념하는 우표는 발행되지 못했습니다. 왜냐하면, "예수님이 재림"을 주장한 날짜들이 1961년 7월부터 2061년까지 모두 달랐기 때문입니다.

성경은 예수님의 재림이 분명히 이루어질 것이라고 확실하게 말하고 있습니다. 그러나 이와 같은 확실성에도 불구하고, 예수님의 재림의 때는 계시되지 않았습니다. 예수님께서는 당신의 재림의 날짜에 대해 이렇게 말씀하셨습니다.

> 그러나 그날과 그 때는 아무도 모르나니, 하늘에 있는 천사들도 아들도 모르고 아버지만 아시느니라 (막 13:32).

예수님께서는 당신의 재림의 시기에 대해, 하늘에 있는 천사들은 물론이고 예수님 당신 조차도 알지 못한다고 분명하게 말씀하셨습니다. 또한, 승천하시기 바로 직전에, 당신의 재림을 통한 하나님 나라가 완성될 때에 관한 것 역시 "아버지께서 자기의 권한"에 두셨기 때문에 굳이 우리가 알려고 해서도 안된다고 경고하셨습니다(행 1:7). 다만 사도 베드로는 이렇게 말했습니다.

> 그러나 마침내 때가 되면, 주의 재림의 날이 도둑같이 갑자기 닥칠 것입니다. 그 날이 되면, 하늘은 요란한 소리를 내면서 일시에 사라지고, 세상의 물질들은 불에 다 녹아 버리고, 땅과 땅 위에 있는 모든 것들은 불타 없어지고 말 것입니다(벧후 3:10, 쉬운 성경).

예수님의 재림은 도둑이 오는 것과 같이 예고 없이 닥칠 것입니다. 따라서 성경에 비추어 보았을 때, "언제 어디에 예수님께서 다시 오실 것이다" 혹은 자신이 "재림 예수"라고 주장하는 모든 이의 말은 거짓입니다. 바로 이러한 상황을 염두해 두고 사도 베드로는 도둑같이 임하게 될 예수님의 재림의 시기에 대해 이렇게 경고합니다.

> 또 그 모든 편지에도 이런 일에 관하여 말하였으되 그 중에 알기 어려운 것이 더러 있으니 무식한 자들과 굳세지 못한 자들이 다른 성경과 같이 그것도 억지로 풀다가 스스로 멸망에 이르느니라(벧후 3:16).

만약 우리가 예수님의 재림의 때를 알아야 했다면, 하나님께서는 성경에 분명하게 "정확한 날짜와 시간"을 기록해 두셨을 것입니다. 그러나 하나님께서는 예수님의 "재림의 때"에 대해 굳이 알고자 노력하지 말라고 말씀하셨습니다. 그럼에도 불구하고 오늘날에도 예수님의 재림의 날짜를 알아 내기 위해 "억지로 성경을 해석"하려는 이들이 있습니다. 그들은 "스스로 멸망에 이를 수 밖에" 없습니다. 우리에게 요구되는 것은 오직 예수님의 재림이 확실한 것임을 믿고, 그 때를 준비하는 일입니다. 우리가 더 관심을 가져야 할 것은 "예수님의 재림을 어떻게 준비할 것인가"이지, "예수님의 재림은 언제 올 것인가"가 결코 아닙니다.

### 왜 예수님의 재림은 지연되고 있는가?

우리는 "왜 하나님께서는 예수님의 재림을 지연하고 계신가"에 관한 의문을 품게 됩니다. 다시 베드로후서 3장으로 가 보겠습니다.

> 그러나 사랑하는 형제들이여, 이 한 가지를 잊지 마십시오. 주께는 하루가 천 년 같고, 천 년이 하루 같습니다. 그러므로 어떤 사람들이 쉽게 생각하는 것처럼, 주께서는 재림의 약속을 더디 지키시는 것이 절대로 아닙니다. 도리어 주께서는 아무도 멸망에 이르지 않고 다 회개에 이르기를 바라시면서, 여러분 모두를 위해 오래도록 참고 또 참고 계시는 것입니다 (벧후 3:8-9).

사도 베드로는 예수님의 재림이 지연되는 것은 "하나님께서 아무도 멸망에 이르지 않고 다 회개에 이르기를" 바라시기 때문이고, 우리 모두를 위해 "오래도록 참고 또 참고" 계시기 때문이라고 말했습니다. "이미"와 "아직" 사이의 "종말"이라 불리는 중간 시기는 바로 모든 인류에게 주어진 "은혜의 시간"입니다. 왜냐하면, 하나님께서는 이 시간 동안 우리가 회개할 수 있도록 기회를 주셨고, 임박한 하나님 나라를 준비할 수 있도록 배려해 주셨기 때문입니다. 또한, 더 나아가서 예수님께서는 오늘도 우리들의 마음의 문을 두드리고 계시기 때문입니다.

> 볼찌어다 내가 문밖에 서서 두드리노니 누구든지 내 음성을 듣고 문을 열면 내가 그에게로 들어가 그로 더불어 먹고 그는 나로 더불어 먹으리라 (계 3:20).

　예수님께서 이 땅에 다시 오시기 전까지의 시간은 바로 우리가 회개할 시간이며, 동시에 하나님 나라를 예비해야 할 시간입니다. 우리가 믿든지 믿지 않든지 간에 죽은 자 가운데서 부활하시고 하늘에 오르신 예수님께서는 반드시 이 땅에 다시 오십니다. 그리고 하나님께서 회복하시고자 하신 "하나님 나라, 새 에덴 동산"은 반드시 완성될 것입니다.

# 8
# 나가는 말

**왜 복음의 리셋(Reset)이 필요할까요?**

우리는 지금까지 하나님 나라를 위한 하나님의 "구속의 대하 드라마"를 살펴보았습니다. 오직 예수님의 십자가를 통해 모든 사람은 죄사함을 받고 하나님 나라에 들어갈 수 있는 자격인 "의롭다 함"을 얻습니다. 그러나 이것이 끝이 아닙니다. 하나님께서 당신의 독생자를 우리에게 보내심으로써 이루고자 하셨던 일은 "예수 천당, 불신지옥"이 결코 아닙니다.

우리는 우리 인간의 관점이 아닌 "하나님의 관점, 하나님의 목적"에서 구속의 역사를 볼 수 있어야 합니다.
예수 그리스도를 통한 우리의 구원은 분명 하나님의 은혜가 맞습니다. 그러나 그 은혜는 궁극적으로 "하나님의 영광"을 위한 것입니다. "하나님의 영광"이 온전하게 성취되는 곳, 그곳은 바로 "하나님 나라"입니다. 그 하나님 나라를 완성하시기 위해 하나님께서는 지금 이 세상에서 일하고 계십니다. 이것이 바로 "하나님의 선교"입니다. 이 하나님의 선교의 주된 대리자(Agent)가 바로 교회 공동체이고 구원받은 성도들입니다. 하나님의 선교를 감당하는 교회 공동체와 성도들은 바로 예수 그리스도의 십자가상에서의 대속적 죽음과 부활, 승천을 통해 만들어집니다.

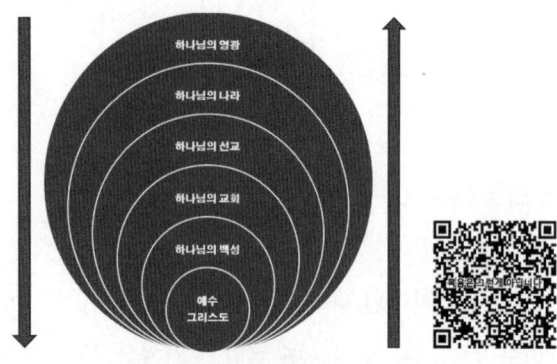

[도표 10. 가스펠 써클(Gospel Circle)]

예수님의 구속 사역을 중심으로 성경을 이해하는 "구속사적 관점"은 복음의 핵심을 읽는 중요한 관점입니다. 그러나 예수 그리스도의 구속 사역에만 초점을 맞추고 성경 전체를 이해하고자 하는 "구속사적 이해"는 성경의 전체 큰 그림 중에 한 부분에만 집중하게 하는 위험성이 있습니다. 예수 그리스도의 구원 사역에만 스포트 라이트를 비추다 보면, 기독교의 복음은 매우 개인적이고, 기복적이고, 타계적인 신앙으로 흐를 수 있습니다.

동서고금을 막론하고 너무나 오랫동안, 우리는 "예수 천당, 불신 지옥"으로 요약되는 "축소된 복음"에 익숙해 왔습니다. 이것은 어느 누구의 책임이라기보다, 하나님의 말씀의 비밀이 오랜 시간에 걸쳐 조금씩 열리고 이해되어 왔기 때문입니다. 물론 이렇게 축소된 복음을 이용해서 교회의 세속적 권력을 유지하려 했던 많은 시도가 있어 왔습니다. 소위 "크리스텐덤"(Christendom, 기독교 제국)으로 설명할 수 있는 중세 기독교의 "흑역사"를 가능하게 했던 것은 다름 아닌 "복음의 축소주의"입니다. 오늘날 한국 기독교가 개인적이고, 기복적이고, 타계적인 신앙으로 흐르는 이유, 대사회적인 책임에 대해서 상대적으로 무관심한 이유 역시, "복음의 축소주의" 때문입니다. 하나님 나라 관점에서 복음을 이해하고 선포하지 않았기 때문입니다.

따라서 성경 전체의 큰 그림을 보기 위해 우리는 지금까지 "하나님 나라"의 관점에서 "창조-타락-구속-회복"이라는 실을 따라 성경 전체를 조망해 왔습니다. 우리 각자 그리고 교회는 바로 이 하나님의 66부작 대하 드라마를 이루는 하나의 작은 퍼즐 조각으로 부름 받았습니다.

완성될 하나님 나라는 어떤 모습일지, 그날은 언제 오게 될지, 우리는 알 수 없습니다. 다만 우리는 우리를 구원해 주신 하나님의 목적을 이해하고, 오늘도 내 삶의 현장에서 하나님 나라를 세우시기 위해 일하고 계시는 그 하나님의 선교에 동참함으로써 하나님의 영광을 사모하고 고대해야 합니다. 이것이 바로 "하나님 나라의 복음"을 듣고, 읽고, 깨닫고, 알게 된 우리 모두의 사명입니다.

"마라나타, 주 예수여, 어서 오시옵소서!"

## 소그룹 나눔을 위한 질문

1. "재림과 하나님 나라"에 대해 새롭게 알게 되었거나 가장 중요하다고 생각되었던 것은 무엇입니까?

2. 예수님께서 재림하실 때 성도들은 "이 세상에서 저 세상으로" 이동하는 것이 아니라, 이 땅 위에 완성될 "새 에덴 동산-하나님 나라"에 들어가게 됩니다.
이 날을 준비하기 위해 오늘을 살아가는 그리스도인들이 해야 할 일은 무엇이라고 생각합니까?

3. 지금 이 순간에도 "시한부 종말론"으로 사람들을 현혹하면서 사회적으로 무리를 일으키는 이단들이 활발히 활동하고 있습니다.
왜 이런 일들이 반복된다고 생각합니까?
교회는 이러한 일들에 어떤 책임이 있다고 생각합니까?

4. 예수님의 재림이 지연되고 있는 이유는 무엇입니까?
예수님의 재림을 기다리는 이 시간(종말, 마지막 때)에 교회와 그리스도인들은 어떠한 소망을 가지고 살아가야 한다고 생각합니까?

# 한 번 더 생각합시다

## 선한 창조와 기독교의 사회적 책임

첫째 날과 둘째 날을 제외하고, 하나님께서는 창조 후에 "It is good(보기에 좋다)"이라고 말씀하셨습니다. 하나님께서는 이 세상을 "완벽"(Perfect)하게 창조하지 않으셨습니다. 대신 하나님께서는 이 세상을 "좋게"(Good) 만드셨습니다.

하나님은 완전하신 분이십니다. 그런데 그 완전하신 하나님께서 이 세상을 창조하실 때에는 "Perfect"(완전한) 상태가 아니라 "Good"(좋은) 상태로 창조하셨습니다. 만약 우주 만물이 완전한 상태로 창조되었다면, 우리 인간이 노력하고 계발해서 그것을 더 낫게 만들 여지는 없습니다. 왜냐하면, 그 자체로 이미 "완전"하기 때문입니다.

그러나 우주 만물은 "좋은 상태"로 창조되었습니다. 그래서 우리 인간은 그것을 더 낫게 만들어 갈 수 있는 여지가 있습니다. 따라서 하나님께서 우주 만물을 "좋은 상태"로 만드셨다 함은 곧, 하나님께서 우리 인간 개개인에게 이 세상을 "더 좋은 곳으로" 만들어 가라고 명령하셨다는 뜻이 됩니다.

> 하나님이 그들에게 복을 주시며 그들에게 이르시되 생육하고 번성하여 땅에 충만하라 땅을 정복하라 바다의 고기와 공중의 새와 땅에 움직이는 모든 생물을 다스리라 하시니라 (창 1:28)

하나님의 "선한 창조" 때문에 우리 인간에게는 이 세상을 향한 "사명과 책임"이 주어졌습니다. 하나님께서는 우리 인간에게 당신께서 창조하신 것들을 단순히 잘 지키고 보존하라고 명령하지 않으셨습니다. 대신 하나님께서는 "생육하고 번성하여 땅에 충만하라, 땅을 정복하라. 모든 생물을 다스리라"라고 말씀하셨습니다.

이 말씀은 오늘을 사는 우리에게도 여전히 유효한 "하나님의 명령"입니다. 우리 그리스도인들에게는 "여전히" 이 세상을 더 좋은 세상으로 만들어 가야 하는 책임과 사명이 있습니다. 교회사를 보면, 교회가 늘 좋은 일만 한 것은 아닙니다. 그러나 바로 이 하나님의 "문화 명령"(Cultural mandate) 때문에 복음이 들어가는 곳마다 교회는 물론이고 학교, 병원, 고아원 등이 세워졌습니다.

계속해서 강조했지만, "예수 천당, 불신 지옥"은 복음의 일부분이지 복음의 100퍼센트가 아닙니다. 복음의 궁극적인 목적은 바로 "하나님의 나라"에서 100퍼센트 구현되는 "하나님의 영광"입니다. "보시기에 좋았다"라고 하신 말씀은 하나님께서 당신의 창조를 통해 영광을 받으셨음을 보여 줍니다. 성경에는 기록되어 있지 않지만, 모든 피조물이 "좋으신 하나님"(God is good)을 외치면서, 창조주 하나님을 예배했을 것이라고 우리는 상상할 수 있습니다.

따라서 "생육하고 번성하여 땅에 충만하라, 땅을 정복하라. 모든 생물을 다스리라"라고 하신 이 말씀은 오늘 우리가 살고 있는 이 세상을 더 좋은 곳으로 만들어 감으로써 하나님의 "선하신 통치"를 드러내고, 미리 맛보게 하고, 궁극적으로는 하나님께 영광을 돌리게 하라는 말씀입니다.

그래서 하나님께서는 물질적인 것과 영적인 것을 철저하게 구분하는 "이원론"을 기뻐하시지 않습니다. 사실 많은 종교가 물질 세계에 대해서는 적대적이고, 오로지 영적인 것에만 높은 가치를 부여합니다. 윤회를 벗어나야 한다고 가르치는 힌두교와 불교의 세계관에 따르면, 이 세상은 빨리 탈출해야 하는 고통 그 자체입니다. 이슬람교 역시 순교자의 죽음은 낙원(Paradise)을 100퍼센트 보장한다고 가르칩니다. 그래서 극단적인 무슬림들은 주저함 없이 자살 폭탄 테러를 감행합니다.

만약 우리 기독교 역시 "예수 천당, 불신 지옥"만을 외치면서 이 세상에서 일어나는 일들에 대해서는 전혀 무관심하다면, 하나님께서 우리에게 "이 세상을 더 나은 곳으로 만들라"고 하신 그 명령에 대해 불순종하는 셈이 됩니다.

우리가 세상을 등지고 오직 이원론적 신앙만을 추구한다면, "오직 예수"라고 외치는 우리의 복음은 독단적이고 독선적인 것으로 밖에 비춰질 수 없습니다. 그러나 하나님의 천지 창조 이야기는 "천당"에 가는 것이 우리의 궁극적 목적이 아니라고 증거합니다. 하나님께서 처음 창조하신 그 창조 세계는 하나님의 아들 예수 그리스도의 죽으심과 부활을 통해 이 땅에서 이미 회복되기 시작했습니다. 그리고 앞으로 완전히 회복될 것입니다.

우리 그리스도인들은 바로 이 진리를 믿는 믿음 가운데, 오늘도 이 세상을 더 나은 곳으로 만들어 가시는 창조주 하나님의 사역에 동참하고 그분의 영광에 참여하도록 "부름"(Called) 받고 또 "보냄"(Sent) 받았습니다.

성경은 결코 영적인 것을 육체적인 것 위에 두도록 허용하지 않습니다. 그래서 사도신경을 통해 "몸의 부활"을 고백하는 것은 이런 의미에서 매우 중요합니다. 물질이 중요한 이유는 하나님께서 그것들을 지으셨기 때문입니다.

하나님께서는 우리의 영혼뿐만 아니라, 우리의 몸과 우리가 사는 세상에도 관심을 두고 계십니다. 인간의 죄는 이 세상의 육체적인 것과 영적인 것 모두를 망가뜨렸습니다. 그러나 하나님께서는 만물을 바로잡기로 결정하셨습니다. 하나님께서는 영적인 것만을 구원하시고 물질적인 것은 그대로 내버려 두기로 작정하시지 않으셨습니다.

시편 19편 1절은 이렇게 증거합니다.

> 하늘이 하나님의 영광을 선포하고 궁창이 그의 손으로 하신 일을 나타내는도다(시편 19:1).

지금도 모든 피조물은 하나님의 영광, 하나님의 능력, 하나님의 지혜, 하나님의 아름다움을 선포하고 있습니다. 그래서 로마서 8장 19, 22절은 이렇게 증거합니다.

> 피조물이 고대하는 바는 하나님의 아들들이 나타나는 것이니 피조물이 다 이제까지 함께 탄식하며 함께 고통을 겪고 있는 것을 우리가 아느니라(롬 8:19, 22).

이 땅의 모든 피조물은 하늘과 땅의 모든 권세를 가지신 만왕의 왕 예수 그리스도께서 이 땅에 다시 오셔서 하나님 나라의 통치를 받아들인 당신의 백성들을 구원하실 때 이 세상 역시 "새 하늘과 새 땅"으로 구속될 수 있기를 간절히 고대하고 있습니다.

힌두교의 가르침은 이렇습니다.

"이 세상은 실재가 아니라 망상이다."

"악으로 가득찬 환상에 불과하다?"

이슬람교의 가르침은 이렇습니다.

"언젠가 이 세상은 다 망하고 없어질 것이며, 우리는 파라다이스(paradise, 낙원)에서 영원히 살 것이다?"

그러나 우주 만물의 창조주이신 하나님께서는 지금도 당신의 모든 피조물들로부터 영광을 받고 계십니다. 따라서 마지막 날 당신의 백성들을 구속하실 때 하나님께서는 당신께서 친히 지으셨고 지금도 당신을 예배하는 모든 피조물 역시 구속하실 것이 확실합니다.

우리가 지금까지 살펴본 것처럼 성경의 큰 흐름은 창조에서 새 창조로 이어지는 기나긴 여정입니다. 하나님께서는 태초에 만물을 창조하셨고, 마지막 날에는 만물을 구속하시고 당신의 나라를 완전히 회복하실 것입니다.

이것이 바로 우리 그리스도인들의 세상에 대한 "소명과 책임"에 관한 신학적 근거입니다. 성도와 교회가 이 세상에 대해 관심을 가질 뿐만 아니라 "청지기 의식과 책임감", "역사 의식과 사명감"을 가져야 하는 이유는 하나님께서 이 세상을 사랑하고 계시고 또 장차 이 세상을 회복하실 것이기 때문입니다.

## 제3장

# 복음의 열매: 제자도

---

**1**
**십자가**

---

십자가의 도가 멸망하는 자들에게는 미련한 것이요 구원을 받는 우리에게는 하나님의 능력이라 기록된 바 내가 지혜 있는 자들의 지혜를 멸하고 총명한 자들의 총명을 폐하리라 하였으니 지혜 있는 자가 어디 있느냐 선비가 어디 있느냐 이 세대에 변론가가 어디 있느냐 하나님께서 이 세상의 지혜를 미련하게 하신 것이 아니냐 하나님의 지혜에 있어서는 이 세상이 자기 지혜로 하나님을 알지 못하므로 하나님께서 전도의 미련한 것으로 믿는 자들을 구원하시기를 기뻐하셨도다 유대인은 표적을 구하고 헬라인은 지혜를 찾으나 우리는 십자가에 못 박힌 그리스도를 전하니 유대인에게는 거리끼는 것이요 이방인에게는 미련한 것이로되 오직 부르심을 받은 자들에게는 유대인이나 헬라인이나 그리스도는 하나님의 능력이요 하나님의 지혜니라 하나님의 어리석음이 사람보다 지혜롭고 하나님의 약하심이 사람보다 강하니라
(고전 1:18-25).

2000년 4월 21일자 「월 스트리트 저널」(The Wall Street Journal)에, "하나님에 대한 재정의"(Redefining God)라는 제목의 기사가 실렸습니다. 기사 내용 중 일부를 소개합니다.

> 권위적이고 가부장적인 하나님의 이미지들에 불만을 가진 현대인들은 자신들의 영적 욕구에 맞는 하나님에 대한 기발하고 개인주의적 생각들을 만들어 내고 있다. 이들은 시장에서 새로운 상품을 찾듯이, 자신들이 만들어 낸 새로운 신들을 추구하고 있다. 이것은 개인주의가 극치에 달한 형태이다.

하나님에 대한 기발하고 개인주의적 생각들, 자신들이 만들어 낸 새로운 신들, 개인주의가 극치에 달한 형태의 새로운 신들…. 이것이 바로 흔히들 말하는 포스트모더니즘 세대의 종교관입니다. 포스트모던 시대를 살아가는 현대인들, 특히, 1980년대 초반부터 2000년대 초반 사이에 태어난 MZ세대(밀레니얼 세대[Y세대] + 대략 1995~2010에 태어난 세대[Z세대]) 젊은이들은 이전보다 훨씬 더 거센 물질주의, 소비주의, 개인주의, 탈권위주의, 첨단 과학 기술의 영향을 받으면서 자라왔고 또 그렇게 살고 있습니다.

MZ세대는 "권위"라는 것을 체질적으로 싫어합니다. 그래서 이제는 복음도, 교회도, 심지어 하나님조차도 자신들의 입맛에 맞게 바꾸려고 하고, 그게 여의치 않으면 가차 없이 기독교 신앙을 포기합니다. 이것이 바로 오늘날 그리스도인들이 살아가고 있는 이 세상의 현실입니다.

이제는 어느 교회에서든지 간에 "십자가와 회개", "그리스도의 남은 고난과 제자도"에 대해 선포하는 것은 힘들고 불편한 일이 되어 버렸습니다. 조금이라도 성도들에게 부담을 주거나 마음을 불편하게 하는 내용들을 설교하려고 하면, 긴장하지 않을 수 없습니다. 지금의 전반적인 시대 흐름이 그렇기 때문입니다. 세상의 풍조, 세상의 논리, 세상의 삶의 방식들은 교회 공동체와 성도들을 미혹하고 있습니다. 그래서 "십자가의 복음"조차도 세상의 구미에 맞게 점점 더 변질되고 있습니다.

그런데 사도 바울이 사역했던 "고린도 교회"가 이와 비슷한 문제들 때문에 큰 위기를 경험하고 있었습니다. 사도 바울은 2차 전도여행 중 기간 중 고린도에서 1년 반을 머물면서 교회를 개척했습니다. 당시 고린도에서는 세속적인 종교들이 왕성했고, 당대 최고의 지식과 지혜를 가진 사람들이 붐비던 곳이었습니다.

바울이 3차 전도 여행 중 에베소에서 3년간 체류할 당시, 그는 고린도 교회 성도들이 "거짓된 가르침"에 현혹되고 있다는 소식을 듣게 되었습니다. 또한, 교회가 분열되고, 심각한 윤리적 문제들이 교회 내에서 벌어지고 있음을 알게 되었습니다. 그래서 사도 바울은 고린도 교회에 편지를 보내게 되는데, 그중 첫 번째 편지가 바로 "고린도전서"입니다.

사도 바울은 고린도 교회 교인들에게 "십자가의 도"를 다시 가르치고, 십자가의 도를 바르게 세우고자 했습니다. 왜냐하면, 사도 바울은 고린도 교회의 여러 문제의 근본 원인이 바로 십자가 복음의 변질이라고 보았기 때문입니다. 교회의 근간이 되는 "십자가의 복음"이 변질되었기 때문에 고린도 교회는 여러 가지 문제로 인해 어려움을 겪을 수밖에 없었습니다.

 1990년대부터 "교회가 위기다", "기독교가 위기다"라는 말이 심심치 않게 들려오더니, 코로나 시대를 지나면서는 교회가 "공공의 적"으로 매도되는 시대가 되었습니다. 이 세상 풍조 혹은 이전보다 나태해진 신앙적 열심 때문일 수도 있고, 도덕적으로 타락한 목사들이 위기의 주범일 수도 있습니다.

 그러나 성경이 말씀하시는 교회 위기의 가장 근본적인 원인은 바로 **"십자가 복음의 변질"**입니다. 기계가 제대로 작동하지 않으면 리셋(Reset) 버튼을 "꾹" 누르는 것처럼 ….

**We have to RESET the Gospel!**

 (우리는 다시 **"복음"**으로 돌아가야 합니다).

 세상적인 가치와 기준, 풍조에 의해 우리가 믿고 있는 복음이 변질되고 왜곡되었다면, 우리는 다시 **"성경으로"** 돌아가야 합니다.

 로마제국에 속했던 고린도는 유럽, 아시아, 아프리카를 잇는 매우 중요한 도시였습니다. 고린도는 남북으로는 육로를 연결하고 동서로는 해로를 연결하는 교통의 요충지였기 때문에 자연히 군사적으로나 상업적으로 크게 번창한 도시가 되었습니다. 또한, 고린도는 아시아와 아프리카, 유럽의 여러 민족이 모이는 항구 도시였기 때문에 경제적 부를 바탕으로 철학과 종교의 "허브-중심지"가 될 수 있었습니다. 특별히 무역을 통해 경제적으로 넉넉해진 사람들이 많았기 때문에 고린도에서는 그리스-헬라 철학이 발달해 있었습니다.

[도표 11. 사도 바울 시대의 지중해 지역]

상황이 이렇다 보니, 고린도는 자연스럽게 타락한 도시가 될 수밖에 없었습니다. 또한, 이와 같은 환경에 둘러싸여 살았던 고린도 교회 교인들 역시 세상의 풍조에 쉽게 휘말릴 수밖에 없었습니다. 고린도 교회 성도들은 그리스-헬라 철학, 그중에서도 "영지주의"에 깊이 빠져 있었습니다.

영지주의는 초대 교회 때부터 지금까지 기독교를 위협해 온 가장 강력한 이단 사상입니다. 영지주의 핵심은 영혼을 중시하고, 육체를 무시하는 "이원론"입니다. 그래서 고린도 교회는 "성적 문란", "우상 제물 문제", "음식에 관한 금욕주의" 같은 다양한 문제들 때문에 어려움을 겪고 있었습니다.

그러나 고린도 교회 내의 열 개가 넘는 크고 작은 문제들은 별개의 문제들이 아니었습니다. 고린도 교회의 문제들은 근본적으로 세상의 풍조와 가치관, 지식과 지혜로 복음을 오해하고 왜곡했기 때문에 발생한 일들이었습니다. 그래서 바울은 이렇게 선포했습니다. 고린도전서 1장 18절입니다.

> 십자가의 도가 멸망하는 자들에게는 미련한 것이요 구원을 받는 우리에게는 하나님의 능력이라 (고전 1:18).

바울이 전한 "십자가의 도, 하나님의 지혜"는 예수 그리스도께서 인류의 모든 죄를 위해 십자가에서 죽으셨고, 삼일 만에 부활하셔서 "구원의 길"을 만드셨다는 "복된 소식-복음"이었습니다. 그러나 고린도 교인들이 가진 "철학적 지식"과 "세상적 논리"로 보았을 때, "십자가의 도"는 그다지 논리적이지도 않았고, 설득력이 있지도 않았습니다. 그래서 일부 고린도 교인들은 바울이 전한 "십자가의 도"를 "어리석고 미련한 것"이라며 거부했습니다. 그들은 "인간의 지혜와 판단"을 앞세워, "하나님의 지혜와 능력"을 거부했습니다.

인간의 지식과 지혜로 보면, "십자가의 도"는 어리석고 미련한 것임에 틀림이 없습니다. 고린도 성도들은 로마제국의 사형 도구였던 "십자가"의 의미를 너무나 잘 알고 있었습니다. 그들에게 십자가는 "저주와 실패"의 상징이었습니다. 인간의 이성과 지혜로 보면, 십자가는 합당한 선택지가 될 수 없었습니다. 고린도 성도들은 십자가에서 비참하게 죽은 유대인 청년 예수를 자신의 메시아로 받아들일 수 없었습니다.

그러나 하나님께서는 미련하고 비참하게 보이는 바로 그 방법을 통해 타락한 인류를 구원하기로 작정하셨습니다. 그래서 "십자가의 능력"은 철저히 감추어지고 가려진 비밀이 될 수밖에 없었습니다.

안타깝게도, "하나님의 지혜"는 "인간의 지식과 지혜, 이성과 논리"로 깨달아지지 않습니다. 인간이 아무리 노력해도, "하나님의 미련한 지혜"에까지 미칠 수가 없습니다. 고린도전서 1장 18절에서,

바울은 "being saved"(구원을 받는)라고 말했습니다. 인간은 스스로 "구원을 이루는" 것이 아니라, "구원을 받아야" 하는 존재들입니다. 왜냐하면, 하나님의 구원"은 인간의 지식과 지혜, 이성과 논리로 납득될 수 없기 때문입니다. 그래서 인간의 노력으로는 구원이 성취될 수 없습니다. 구원의 주체는 오로지 하나님 한 분이십니다. 인간은 구원의 "객체", 구원의 "대상"이 될 수밖에 없습니다.

하나님을 알아 가는 데 있어서 "지식적 깨달음"과 "정서적 동의" 그리고 "의지적 선택"이 모두 중요 합니다. 기독교는 무조건 "그냥 덮어 놓고 믿어라!"라고 하는 종교가 아닙니다. 하나님께서는 우리가 "지-정-의" 전인격으로 하나님을 알아 가고 하나님과 교제하기를 원하십니다.

우리가 성경공부를 하는 이유도 "지-정-의"의 전인격으로 하나님을 알아 가야 하기 때문입니다. 그러나 인간의 "지-정-의"에는 한계가 있습니다. 우리는 이것을 인정해야 합니다. 나의 "지-정-의"가 모두 충족될 때 복음을 믿겠다는 생각은 내려놓아야 합니다. 왜냐하면, 그러한 일은 결코 일어날 수 없기 때문입니다.

예를 들어 설명해 드리겠습니다. 인간의 지식은 아주 빠른 속도로 변하고 업데이트 됩니다. 점점 더 각 학문이 빨리 발전하기 때문에 대학이나 연구소에서 일하시는 분들은 책보다는 논문을 더 많이 읽습니다. 왜냐하면, 새로운 지식이 책으로 나올 때면, 그 책의 내용은 이미 오래된 것이 되기 때문입니다.

인간의 감정은 지식보다 더 빠른 속도로 변합니다. 아침에 좋았다가 저녁에 슬퍼지는 것이 인간의 마음입니다.

인간의 의지는 어떻습니까?
보통은 "작심삼일"입니다.

태풍이나 지진과 같은 자연 재해 앞에서, 우리는 인간의 나약함을 절감합니다. 각종 자연 재해 앞에서 속수무책으로 당할 수밖에 없을 때, "인간의 위대함"을 노래하는 것이 얼마나 무의미한지를 우리는 종종 경험하게 됩니다.

그런데 바다 한가운데 길을 내시고, 파도를 잠잠케 하시며, 해와 달의 움직임까지도 멈추게 하시는 창조주 하나님의 "지혜"를 인간이 어떻게 다 이해할 수 있겠습니까?
인간의 지혜로는 결코 "십자가의 도"를 깨달을 수 없습니다. 그래서 사도 바울은 고린도전서 1장 20절에서 이렇게 역설했습니다.

> 지혜 있는 자가 어디 있느냐 선비가 어디 있느냐 이 세대에 변론가가 어디 있느냐 하나님께서 이 세상의 지혜를 미련하게 하신 것이 아니냐
> (고전 1:20).

바울은 이 세상의 지혜자로 대표되는 세 부류의 사람들을 열거했습니다.

**첫째**, "지혜 있는 자"는 당시의 그리스-로마 문화 문화권의 "철학자들"입니다.
**둘째**, "선비"는 율법에 정통한 유대인 학자들입니다.

**셋째**, "변론가"는 수사학(웅변술)에 정통했던 당시 고린도의 사람들입니다.

바울은 세 부류의 사람들을 열거했지만, 그들은 모두 공통적으로 "진리"를 추구하던 사람들이었습니다. 세상적인 기준으로 보면, 그들은 지식과 지혜를 겸비한 소위 "교양있는 사람들"이었습니다. 그러나 바울은 이들이 가진 세상의 지식과 지혜에 대해, "미련한 것"이라고 말했습니다. 그렇다면 사도 바울은 이들이 "무엇에 대해" 미련하고 바보 같고 무지하다고 말한 것일까요?

바로 "십자가의 도"입니다. 세상에서 지혜 있는 자라고 인정받았던 이 세 부류의 사람들은 인간적인 지혜와 지식으로 "십자가의 도"를 이해해 보려고 했었습니다. 그러나 그들은 하나님의 "참된 진리"에 도달할 수 없었습니다. 왜냐하면, 하나님께서 그들의 지혜를 "미련하고, 멍청하고, 무지한" 것으로 만드셨기 때문입니다. 다른 말로 하면, 하나님께서는 세상의 지혜로 "십자가의 도"를 이해하고자 하는 사람들에게는 당신의 진리를 계시하시지 않기로 작정하셨기 때문입니다. 그래서 세상의 지혜자들은 "십자가의 도"에 대해 무지할 수밖에 없었습니다.

세상의 지혜자들에 대한 이와 같은 하나님의 역사는 예수님의 말씀에서도 찾아볼 수 있습니다. 마태복음 11장 25절입니다.

> 그 때에 예수께서 대답하여 이르시되 천지의 주재이신 아버지여 이것을 지혜롭고 슬기 있는 자들에게는 숨기시고 어린 아이들에게는 나타내심을 감사하나이다 (마 11:25).

하나님께서는 자기 자신을 지혜롭다고 여기는 사람들에게는 십자가에 숨겨진 비밀을 감추셨습니다. 그래서 그들은 십자가의 비밀에 대해 들어도 그것을 깨달을 수 없었습니다. 왜냐하면, 그들은 예수 그리스도의 십자가를 미련한 것으로 치부하고 십자가를 멸시했기 때문입니다. 그러나 하나님께서는 어린아이와 같이 자기 자신의 지혜와 지식을 모두 내려놓은 사람들에게는 "십자가의 도, 구원의 비밀"을 나타내 보여 주셨습니다.

"자신은 지적이고 지혜롭다"고 스스로 생각하는 사람들에게 "십자가의 도"는 무지몽매한 "얕은 수준의 지식"에 불과합니다. 그러나 실상 그들이야말로 "자신의 무지함"을 알지 못하는 "무지하고 미련한" 사람들입니다. 인간의 지혜와 지식이 뛰어난 것 같아도, 실제로 그것들은 아주 미미한 것입니다.

제가 트리니티신학교(시카고) 박사 과정에 입학했을 때, 한 교수님께서 이런 그림을 보여 주셨습니다.

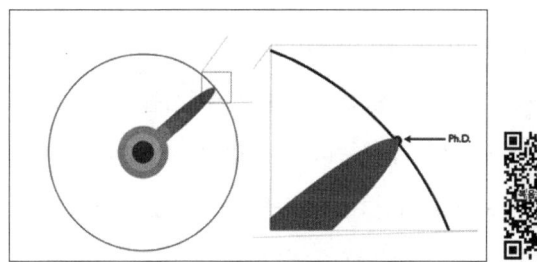

[도표 12. 박사 학위(Ph. D)란 무엇인가?]

전체 큰 원은 "인류 전체의 지식"입니다. 일단 이 인간의 지식에는 "명확한 한계"가 있습니다. 그런데 정말 열심히 공부해서 박사(Ph. D.) 학위를 받는다 해도, 그가 이룬 학문적 업적은 전체 인간의 지식이라는 차원에서 보면, 보이지도 않는 아주 작은 점 하나에 불과하다는 것입니다.

한 사람의 머리로 세상에 존재하는 모든 지식과 지혜를 다 이해할 수 있습니까?

그럴 수 없습니다. 이것이 우리 인간 능력의 한계입니다.

그런데 이렇게 제한적인 인간의 지식과 지혜로 어떻게 "하나님의 지혜"를 이해할 수 있겠습니까?

그래서 하나님께서는 이렇게 영적으로 무지한 사람들에게 "당신의 지혜, 십자가의 도"를 친히 가르쳐 주기로 작정하셨습니다.

고린도전서 1장 21절입니다.

> 하나님의 지혜에 있어서는 이 세상이 자기 지혜로 하나님을 알지 못하므로 하나님께서 전도의 미련한 것으로 믿는 자들을 구원하시기를 기뻐하셨도다 (고전 1:21).

여기서 "하나님의 지혜"는 "십자가의 도", "십자가의 복음"을 가리킵니다. 미련하고 무지한 인간에게 하나님께서는 예수 그리스도를 통해 당신 자신을 계시해 주셨습니다. 그리고 "십자가의 도"를 깨닫게 하시기 위해 "전도의 미련한 방법"을 선택하셨습니다. 인간의 눈으로 보기에, 전도는 결코 전략적이거나 실용적인 방법이 될 수 없습니다. 그러나 하나님께서는 인간의 지혜를 뛰어넘고, 심지어 인간의 지혜를 완전히 뒤집는 방법으로 구원 사역을 시작하셨으며, 그 일을 지금도 하고 계십니다.

고린도전서 1장 22절에서, 사도 바울은 "유대인은 표적을 구하고 헬라인은 지혜를 찾는다"고 말했습니다. 유대인들은 다윗 시대의 영광를 회복할 "정치적 메시아"가 오실 것이라고 기대하고 있었습니다. 그러나 구약에서부터 예언되었던 메시아는 유대인들이 기대하고 이해했던 방법으로 오시지 않았습니다.

그래서 그들은 예수 메시아(헬라어-그리스도)를 알아보지 못했습니다. 헬라인들은 자신들의 이성으로 납득될 수 있는 그러한 메시아를 기대했습니다. 그러나 하나님께서는 실패와 저주의 상징인 십자가를 통해 구원을 허락해 주셨습니다. 그래서 헬라인들 역시 미련해 보이는 "십자가의 도"를 받아들일 수 없었습니다.

"유대인은 표적을 구하고 헬라인은 지혜를 찾는다"라는 말은 인간의 지식과 지혜로 "십자가의 도"를 이해하기 위한 인간적인 노력들을 가리킵니다. 유대인과 헬라인 모두에게 십자가에 달리신 예수 그리스도는 그들의 전통과 이성 속에서는 결코 이해될 수 없는 진리였습니다. 그래서 그들은 예수 그리스도를 거절하고 다른 진리를 찾았습니다. 그러나 바울은 이러한 유대인들과 헬라인들을 향해 이렇게 선포했습니다. 고린도전서 1장 23절입니다.

> 우리는 십자가에 못 박힌 그리스도를 전하니 유대인에게는 거리끼는 것이요 이방인에게는 미련한 것이로되 (고전 1:23).

십자가에 못 박히신 그리스도는 유대인에게는 거리끼는 것이었습니다. 왜냐하면, 유대인 전통에 따르면, "나무에 달린 자는 하나님께 저주를 받았다"는 것을 의미했기 때문입니다(신 21:23). 자신들이 그토록 원하고 기다리던 메시아가 저주받은 사람이란 것을 그들은 쉽

사리 인정할 수 없었습니다. 그래서 십자가의 도는 유대인들에게 거리끼는 것이 될 수밖에 없었습니다.

이방인들(헬라인들)에게 십자가는 미련한 것이었습니다. 헬라인들의 관점에서 보면, 하나님께서 당신의 아들을 이 세상에 보내시고 그를 십자가에 죽게 함으로써 "구원의 길"을 열어 주셨다는 사실은 전혀 납득할 수 없는 일이었습니다.

그러나 사도 바울은 계속해서 고린도전서 1장 24절에서 이렇게 증거했습니다.

> 오직 부르심을 받은 자들에게는 유대인이나 헬라인이나 그리스도는 하나님의 능력이요 하나님의 지혜니라 (고전 1:24).

"오직 부르심을 받은 자들"은 다시 말해서, "하나님의 구원의 선물을 받은 사람들"입니다. 그들에게 예수 그리스도는 "하나님의 능력이요, 하나님의 지혜"입니다. 그래서 사도 바울은 고린도전서 1장 25절에서 이렇게 결론을 내렸습니다.

> 하나님의 어리석음이 사람보다 지혜롭고 하나님의 약하심이 사람보다 강하니라 (고전 1:25).

하나님의 지혜와 능력은 인간의 이성과 지혜를 뛰어넘는 방법으로 나타났습니다. 그것은 바로 십자가였습니다. 세상은 십자가 위에서 계시된 하나님의 지혜를 보고, "하나님은 지혜롭지도 못하고 능력도 없다"고 단정지었습니다. 그러나 이것 또한, 철저하게 인간 지혜의 한계를 드러내는 일이었습니다. 우리 또한 만약 하나님께서 쉽고 매력적인 구원의 길을 제시하셨더라면, 더 많은 사람이 구원을 얻을 수 있었을 것이라 생각할 수 있습니다. 그러나 이러한 생각은 역설적으로 인간적 지혜의 "한계"를 반증합니다.

사도 바울은 고린도 교회가 겪는 모든 문제의 원인을 고린도 지역의 풍조나 지역적 상황에서 찾지 않았습니다. 바울이 진단한 근본적 원인은 "십자가 신학의 부재"였습니다.

고린도 교회는 고난과 수치로 점철된 "십자가"를 버리려고 했었습니다. 그리고 십자가 대신, 자신들의 전통과 지혜, 인간적 안락함을 추구할 수 있는 "변질된 복음"을 수용하려고 했었습니다. 자신의 마음과 생각에 거리끼고 미련해 보이는 십자가는 분명 세상의 풍조를 거스르는 것이었습니다. 전혀 현실적이지 못하고 남들에게 내세우기에 부끄러운 것이었습니다. 그래서 그들은 십자가의 도를 버리고, 자신들이 만든 "영광의 복음, 승리의 복음, 세련된 복음"으로 십자가를 대신하고자 했었습니다.

그러나 사도 바울은 유대인에게 거치고 헬라인에게는 미련해 보이는 십자가가 바로 "복음의 핵심"이라고 강조했습니다. 그뿐만 아니라 인간적인 전통과 지혜가 얼마나 무의미하고 무익한 것들인지 조목조목 반박하면서 바울은 고린도 교회 교인들에게 복음의 참된 의미와 십자가의 중요성을 가르쳤습니다. 사도 바울의 말대로, **십자가만이 하나님의 지혜이고 능력입니다.**

이 세상에서 영향력을 점점 잃어 가고 있는 오늘날의 교회는 여러 가지 외부적 요인에서 그 원인을 찾으려는 경향을 보이고 있습니다.

그래서 교회는 세상 풍조를 탓하거나, 반대로 그러한 세상 속에서 살아가는 사람들에게 좀 더 매혹적으로 보이는 복음을 제시하려고 노력하기도 합니다.

"교회가 매력적으로 보여야 한다"는 논리는 기업의 마케팅 원리들을 자꾸만 교회로 끌어들이는 결과를 낳았습니다. 물론 전도를 위해 세상의 지혜를 사용할 수 있습니다. 그러나 교회가 힘을 잃어 가고 있는 근본적인 원인에 대한 반성은 없고, 눈에 보이는 문제들만 해결하려는 시도들은 정말 심각한 문제가 아닐 수 없습니다.

따라서 오늘날의 교회와 성도들은 "십자가의 복음, 십자가의 신학"을 회복해야 합니다. 현대 기독교가 가장 경계해야 할 것은 교묘하게 우리 자신과 교회 안에 들어와 있는 "세상의 풍조"입니다. 우리는 고린도 교회가 십자가의 복음을 세상의 지혜와 섞으려고 했을 때 여러 가지 어려움을 겪었다는 사실을 반드시 기억해야 합니다.

복음은 본질적으로 어려운 것입니다. 복음은 희생과 헌신을 요구합니다. 누구나가 다 쉽게 받고 누릴 수 있는 것은 복음이 아닙니다. 복음은 새로운 언어로 재해석되고 이해되어야 합니다. 그러나 복음의 본질인 "십자가"는 변할 수도 없고 변해서도 안 되는 **절대적 기준**입니다.

세상적으로 보면, 십자가는 여전히 저주와 수치의 상징입니다. 그래서 십자가의 복음은 늘 고난을 동반할 수밖에 없습니다. 그러나 십자가는 하나님의 지혜입니다. 십자가는 하나님의 능력입니다. 십자가는 하나님의 사랑입니다. 오늘 우리에게 가장 필요한 것은 누구에게나 "매력적인 십자가"가 결코 아닙니다. 오늘 우리에게 가장 필요한 것은 "험한 십자가"입니다.

**RESET THE GOSPEL!**
십자가의 복음을 새롭게 합시다!

**RETURN TO THE CROSS!**
십자가의 복음으로 돌아갑시다!

[ **소그룹 나눔을 위한 질문** ]

1. "십자가의 도"에 대해 새롭게 알게 되었거나 가장 중요하다고 생각되었던 것은 무엇입니까?

2. 하나님께서는 왜 "십자가의 미련한 것"으로 구원의 길을 보여 주셨다고 생각합니까?

3. 내가 지금 기대하고 있는 메시아는 어떤 모습입니까?
   그 메시아의 모습은 십자가와 조화를 이루고 있습니까, 아니면 서로 대립하고 있습니까?
   내가 지금 추구하고 있는 복음이 혹시 "변질된 복음"은 아닙니까?

4. "복음은 본질적으로 어려운 것입니다"라는 진술에 대해 동의합니까?
   만약 동의한다면, 복음은 왜 어려운 것이라고 생각합니까?
   동의하지 않는다면, 그 이유는 무엇입니까?

## 2
## 칭의

우리는 본래 유대인이요 이방 죄인이 아니로되 사람이 의롭게 되는 것은 율법의 행위로 말미암음이 아니요 오직 예수 그리스도를 믿음으로 말미암는 줄 알므로 우리도 그리스도 예수를 믿나니 이는 우리가 율법의 행위로써가 아니고 그리스도를 믿음으로써 의롭다 함을 얻으려 함이라 율법의 행위로써는 의롭다 함을 얻을 육체가 없느니라(갈 2:15-16).

제가 지금 살고 있는 미국에서는 웬만한 수준의 집 수리는 자신이 알아서 해결합니다. 미국 사람들이 자기 손으로 만들고 고치는 것을 좋아하기 때문이기도 하지만, 저 같은 사람들에게는 인건비가 비싸기 때문입니다. 소위 "D-I-Y: Do it yourself"라고 해서 유튜브에 보면 세탁기에서부터 문짝까지 혼자서도 할 수 있는 집수리 영상들이 많이 올라와 있습니다.

그래서인지 2014년 Lowe's라는 전국적인 미국 철물점 체인에서 코믹한 "D-I-Y" 광고를 내보냈습니다

(유튜브에서 "Lowe's - Need Help"라고 검색하면 보실 수 있습니다).

그중 하나를 소개하면 다음과 같습니다.

한 남성이 실링팬(천장 선풍기) 설치하는 것을 마치고, 사다리에서 내려옵니다. 벽에 있는 스위치로 다가가서는 두근거리는 마음으로 스위치를 올립니다. 처음에는 "윙" 소리와 함께 팬이 돌아갑니다. 그런데 이내 실링팬이 바닥으로 떨어지고, 그 밑에 있던 유리 테이블 역시 박살이 납니다. 이제 화면은 거실 창문이 보이는 정원을 비춥니

다. 적막감이 감도는 순간, 갑자기 "쨍그렁" 하는 소리와 함께 실링 팬이 창문 밖으로 내던져집니다. 그리고 나서, 이런 문구와 함께 광고가 끝납니다.

"Never Stop Improving!"
(더 나은 집을 만들기 위한 당신의 노력, 멈추지 마세요!)

오늘도 수많은 사람이 더 나은 삶, 더 나은 행복, 더 나은 세상을 찾아 미국에 이민을 오고 있습니다. 오래 전에 이민 오신 분들은 언어 장벽과 인종 차별, 신분의 불안과 재정적 어려움을 뚫고 이룬 나름의 성공을 누리면서 살고 있습니다.

많은 코리안-아메리칸(Korean-American) 1세, 1.5세, 2-3세 한인 청년들 역시 "Never Stop Improving"을 외치면서 "American Dream"(아메리칸 드림)을 성취하기 위해 오늘도 밤낮 없이 열심히 일하고 있습니다. N포 세대, 헬조선, 이생망, 흙수저 등의 암울한 현실을 자조하는 말들은 하지만, 그래도 우리 대한민국 청년들 역시 "Never Stop Improving"을 외치면서 자신의 꿈과 미래를 향해 고군분투하고 있습니다.

그런데 문제는 아무리 "Never Stop Improving"을 외치면서 노력해도 현실은 그리 녹록치 않다는 데에 있습니다.

솔직히 요즘 같은 시대에 성공하는 것이 얼마나 힘들고 어렵습니까?

그래서일까요?

앞서 소개한 광고는 "Never Stop Improving"을 보여 주기 전, 소비자들에게 이렇게 묻습니다.

"Need Help?"(도움이 필요하십니까?)

혼자 힘으로 열심히 살고, 열심히 벌고, 열심히 누리고, 열심히 쓰고, 뭐든지 다 열심히 하고 있는데 … 여러분의 그러한 열심이 여러분의 삶 속에서 정말 "좋은 열매"들을 맺고 있습니까?

혹시, "Need Help?"

"도움이 필요하지는 않으십니까?"

사람들은 이 세상에서 잠시 살다 없어질 집을 고치는 데에도 많은 수고와 노력을 기울입니다.

그런데 하물며 우리가 영원히 살게 될 곳, 죽음 이후의 삶에 대해 얼마만큼 준비되어 있습니까?

"Need Help?"

도움이 필요하지 않으십니까?

갈라디아서는 사도 바울이 갈라디아 교회에 보낸 편지입니다. 갈라디아서 2장에서 바울은 예수님의 수제자이자 초대 교회의 최고 지도자였던 베드로를 향해 가혹한 책망의 말을 쏟아냈습니다. 베드로와 몇몇 유대인 그리스도인들이 이방인 최초의 교회이자 바울과 바나바를 이방인을 위한 선교사로 파송했던 안디옥 교회에 방문한 일이 있었습니다. 베드로 일행은 안디옥 교회의 이방인 성도들과 더불어 식탁 교제를 하고 있었습니다.

그런데 예루살렘으로부터 온 다른 유대인 그리스도인들이 그 식사 자리에 갑자기 나타났습니다. 이들은 할례, 즉 "율법을 지켜야만 그리스도인이 될 수 있다"는 믿음을 가진 소위 "율법주의 그리스도인"들이었습니다. 상황이 이렇다 보니, 베드로는 그들을 두려워한 나머지, 그만 식탁에서 벌떡 일어나고 말았습니다. 그리고 베드로와 동행했던 일행들 역시 베드로를 따라 자리를 떠나고 말았습니다. 더군다나 바울과 함께 1차 선교 여행을 했던 이방인을 위한 선교사 바나바조차도 자리에서 일어나고 말았습니다. 다른 사람들도 아니고, 초대교회의 최고 리더들이었던 베드로와 바나바가 이방인 그리스도인들을 무시한 격이 되었습니다.

이것은 단순히 인간적 모멸감 차원의 문제가 아니었습니다. 다른 이들은 몰라도, 베드로와 바나바는 율법이 아닌 "오직 예수 그리스도를 믿는 믿음"으로만 구원에 이를 수 있음을 너무 잘 알고 있었고 또 그렇게 가르쳤습니다. 그런데 다른 유대인들 앞에서는 "그래도 율법을 지켜야 구원에 이를 수 있다"는 식으로 자신들의 입장을 바꾸었습니다. 의심의 여지없이 베드로와 바나바는 이방인 그리스도인들 앞에서 "위선적인 행동"을 보였습니다.

그리고 더 심각한 문제는 그들의 위선적 행동 때문에 사도들이 전했던 복음이 "변질될" 위기에 처했다는 점이었습니다. 당시 갈라디아 교회 안에는 "율법을 지켜야만 구원을 얻을 수 있다"는 "변질된 복음, 이단적 복음"에 의해 흔들리고 있었습니다.

그래서 바울은 "할례를 받고 율법을 지켜야만 구원에 이를 수 있다"고 주장하는 율법주의 갈라디아 교인들에게 "참된 복음"을 다시 가르쳐야만 했었습니다. 그리고 바로 이와 같은 이유 때문에 사도 바울은 초대 교회 지도자였던 베드로와 자신을 사도가 되기까지 끌어준 바나바를 공개적으로 비판할 수밖에 없었습니다.

갈라디아서 2장 15절에서 바울은 "우리는 본래 유대인이요 이방 죄인이 아니로되"라고 말했습니다. 이 말의 뜻은 이렇습니다.

"맞다!

나도 태어날 때부터 유대인이다. 앞에서 말했던 베드로, 바나바 그리고 율법으로 구원을 얻을 수 있다고 가르치는 당신들처럼, 나도 일평생 율법을 지키고자 열심히 살았던 정통 유대인이다. 그래서 어쩌면, 나 역시 율법을 모르고 살던 이방인들보다는 더 의로운 사람일 수 있다. 그러나 …."

그러나 무엇일까요?

바로 다음 16절입니다.

> 사람이 의롭게 되는 것은 율법의 행위로 말미암음이 아니요 오직 예수 그리스도를 믿음으로 말미암는 줄 알므로 우리도 그리스도 예수를 믿나니 이는 우리가 율법의 행위로써가 아니고 그리스도를 믿음으로써 의롭다 함을 얻으려 함이라 율법의 행위로써는 의롭다 함을 얻을 육체가 없느니라 (갈 2:16).

여기서 "의롭다"라는 말은 원래 법정에서 사용되던 단어입니다. 일차적으로 "의롭다"는 말은 죄가 없는 상태를 가리킵니다. 그러나 더 나아가서는 도덕적 - 윤리적으로 "완전한 상태"를 의미합니다. 따라서 성경에서 말하는 "의"(義)는 "하나님의 계명을 완전히 지킨 상태"를 뜻합니다. "사람이 의롭게 되는 것은 율법의 행위로 말미암음이 아니요"라고 말함으로써 사도 바울은 하나님의 계명을 완전히 지켜서 "의롭게 되고자" 하는 시도는 실패할 수 밖에 없다고 단언했습니다.

그러면 무엇으로 사람이 의롭게 될 수 있을까요?

사람이 의롭게 되는 것은 오직 "예수 그리스도를 믿음"으로 의롭게 될 수 있습니다!

그래서 사도 바울은 "우리도 그리스도 예수를 믿나니"라고 말했습니다. 여기서 "우리"는 모든 "유대인"입니다. 따라서 16절 상반절은 이렇게 해석할 수 있습니다.

> 사람이 의롭게 되는 것은 율법의 행위가 아닌, 오직 예수 그리스도를 믿음으로 됩니다. 따라서 우리 유대인들조차도 당신들 이방인들과 똑같이 예수 그리스도를 믿는 믿음으로만 구원에 이를 수 있습니다. 사람이 의롭게 되는 것, 즉 구원에 이르는 것은 "율법의 행위, 선한 행실"로 될 수 없습니다.

계속해서 사도 바울은 16절 하반절에서 이렇게 선포했습니다.

> 이는 우리가 율법의 행위로써가 아니고 그리스도를 믿음으로써 의롭다 함을 얻으려 함이라 율법의 행위로써는 의롭다 함을 얻을 육체가 없느니라
>
> (갈 2:16 하반절).

율법은 늘 100퍼센트를 요구합니다. 유대인들은 613개나 되는 율법의 계명을 지키려고 노력했습니다. 그런데 그중 단 하나라도 범하게 되면, 그 사람은 죄인이 됩니다. 아무리 어릴 때부터 율법을 배우고 지켜온 정통 유대인이라도, 100퍼센트 율법을 지킬 수는 없습니다. 세상에서는 법을 잘 지키고, 도덕적으로 선하고, 양심대로 살면 "좋은 사람, 착한 사람"으로 인정해 줍니다. 그러나 그러한 선한 행실은 우리 인간의 근본적인 죄의 문제를 해결할 수 없습니다. 율법의 행위, 율법을 준수하는 것으로는 "의롭다, 죄가 없다" 하는 판결을 얻을 수 없습니다.

율법은 마치 거울과 같습니다. 거울을 들여다 보면, 우리는 얼굴 어디가 어떻게 더러운지 금방 알 수 있습니다. 그러나 아무리 거울을 열심히 보아도, 거울의 비친 더러운 얼굴이 저절로 깨끗해지지 않습니다. 거울에 비친 더러운 부분은 비누로 씻어 내야 합니다. 율법은 우리의 죄가 무엇인지를 보여 주는 거울입니다. 율법을 통해 우리는 우리의 죄가 무엇인지를 깨달을 수 있습니다. 그래서 율법은 중요하고 또 여전히 우리 성도들에게 유용합니다. 그러나 율법은 우리의 죄의 문제를 드러낼 뿐, 우리의 죄의 문제를 해결해 줄 수 없습니다. 바로 이런 이유로 바울은 이렇게 말했습니다.

> 율법의 행위로써는 의롭다 함을 얻을 육체가 없느니라 (갈 2:16).

예를 들어, 병원에서 어떤 의사가 두 명의 환자에게 똑같은 처방을 내렸다고 가정해 보겠습니다.

그러면 이것은 무엇을 의미할까요?

똑같은 처방을 받은 두 환자는 둘 다 똑같은 병에 걸렸다는 것을 의미합니다.

이방인은 물론이고 유대인도 똑같이 예수님을 믿어야만 의롭다 함을 얻을 수 있다면, 그렇다면 율법을 지키기 위해 힘썼던 유대인이나 원래부터 율법 밖에 있었던 이방인이나 모두 똑같은 죄인이라 할 수 있습니다. 그래서 바울은 "나는 유대인이기 때문에 나는 율법을 잘 지키는 사람이기 때문에 구원을 얻을 수 있을 것"이라고 착각하지 말라고 경고했습니다.

유대인이든 이방인이든, 부유한 사람이든 가난한 사람이든, 많이 배운 사람이든 그렇지 못한 사람이든, 남자든 여자든 누구든지 간에 인간은 모두 율법 앞에서는 동일한 죄인이고 , 따라서 예수 그리스도를 믿는 믿음으로만 구원을 얻을 수 있습니다.

이 세상에 존재하는 많은 종교가 인간의 선한 행실로 "구원"(불교와 힌두교는 해탈)에 이를 수 있다고 가르칩니다. 그래서 어떤 분들은 이렇게 말씀하십니다.

"종교는 다 같은 것 아니냐?
모든 종교가 결국엔 다 착하게 살라는 것 아니냐?"

그러나 결코 그렇지 않습니다. 기독교가 아닌 다른 종교들은 일반적으로 "선한 행실"을 구원의 선결조건으로 제시합니다. 도적적으로나 윤리적으로 선한 삶을 살면, 그에 대한 보상으로 구원을 얻게 될 것이라고 가르칩니다. 그러나 기독교 복음은 인간이 아무리 도적적으로나 윤리적으로 완벽하게 살고자 노력해도 "구원-영원한 생명"에 이를 수 없다고 가르칩니다. 왜냐하면, 우리 인간은 "하나님의 의, 하나님의 법"을 100퍼센트 지킬 수 없기 때문입니다.

저는 지금 기독교가 다른 종교들보다 우위에 있다고 말씀드리는 것이 아닙니다. 다만 기독교는 본질적으로 다른 종교들과 같지 않다는 것을 말씀드리고 있습니다. 기독교는 철저하게 인간의 전적 타락과 무능함, 오직 예수 그리스도를 믿는 믿음을 통한 구원, 은혜로 얻는 구원을 가르칩니다. 인간의 구원은 오직 믿음으로, 예수 그리스도의 십자가를 믿는 믿음으로만 가능합니다.

하나님의 외아들 예수 그리스도께서는 우리를 대신해서 우리의 죄값을 치러 주셨습니다. 우리 인간은 100퍼센트 율법을 지킬 수 없기 때문에 죄인이 될 수밖에 없었고 죄에 대한 형벌을 받을 수밖에 없었습니다. 그런데 예수님께서는 우리가 마땅히 받아야 할 죄에 대한 형벌을 대신 받으셨습니다. 죄 없으신 하나님의 아들이 죄인인 인간을 위해 십자가 위에서 대신 죽으셨습니다. 그래서 우리는 예수 그리스도를 믿는 믿음으로 "의롭다 여김"을 얻게 되었습니다.

기독교에서는 이것을 "칭의"(Justification)라고 부릅니다. 좀더 정확하게는 "이신칭의"(以信稱義, Justification by Faith)라고 부릅니다. 오직 "믿음에 의해서만 의롭다 여김을 받는다"는 뜻입니다.

따라서 우리에게는 예수 그리스도가 필요합니다. 유대인이든 헬라인이든 누구든지 간에 우리는 오직 예수 그리스도를 믿는 믿음으로만 구원에 이를 수 있습니다. 앞장에서 말씀드린 대로, 유대인에게는 저주의 상징이요 헬라인에게는 실패의 상징이었던 십자가. 그래서 유대인에게는 걸림돌이 되고 헬라인에게는 미련한 것으로 치부되었던 바로 그 십자가에 우리의 "구원의 소망"이 있습니다.

어느 날, D. L. 무디 목사께서 청중들에게 이런 질문을 하셨다고 합니다.

"어떻게 하면 이 컵에서 공기를 제거할 수 있을까요?"

한 사람이 대답했습니다.

"펌프로 빨아 들이면 됩니다."

그랬더니 무디 목사는 이렇게 말했습니다.

"그렇게 하면 컵 내부는 진공 상태가 되어 깨지게 됩니다."

여러 사람이 다양한 의견을 제시했지만, 무디 목사가 원하시던 답이 나오지 않았습니다. 그러자 무디 목사는 빙그레 웃으면서, 주전자에 든 물을 컵에 가득 채웠습니다.

"자, 보십시오.

컵 안의 공기가 제거되었습니다."

이윽고 무디 목사는 청중을 향해 이렇게 말씀하셨습니다.

"성도가 죄에 대해 승리할 수 있는 비결은 죄악된 행위들을 제거하기 위해 더 열심히 노력하는 것이 아닙니다. 성도가 죄에 대해 승리할 수 있는 비결은 오직 예수 그리스도께서 여러분의 인생을 주장하시도록 하면 됩니다(Not by working hard to eliminate sinful habits, but by allowing Christ to take full control)!"

죄인일 수밖에 없는 인간은 어떻게 창조주 하나님께로부터 "의롭다 여김"을 받을 수 있습니까?

어떻게 죄로부터 자유케 될 수 있습니까?

오직 예수 그리스도를 "새로운 주인"으로 영접함으로 가능합니다.

"Need Help?"

(도움이 필요하십니까?)

"Jesus Christ can help you."

(예수 그리스도께서 여러분을 도우실 수 있습니다!)

믿음으로 예수 그리스도를 구주로 영접함으로, 그분께서 여러분을 도우실 수 있도록 여러분 인생의 전권(full control)을 예수님께 드리시기 바랍니다. 그렇게 하면, 예수님께서 여러분을 의로운 신분으로 바꾸어 주시고 하나님의 자녀로 영원한 생명을 누리실 수 있도록 여러분을 도와주십니다.

**NEED HELP?**

도움이 필요하십니까?

**COME TO CHRIST!**

예수님께로 나아오십시오!

## 소그룹 나눔을 위한 질문

1. "칭의"에 대해 새롭게 알게 되었거나 가장 중요하다고 생각되었던 것은 무엇입니까?

2. 율법에 대한 당신의 생각은 어떠했습니까?
   율법이 여전히 중요하고 또 유용하다는 사실에 대해 어떻게 생각합니까?

3. 당신에게는 예수 그리스도가 필요합니까?
   그렇다면 어떤 이유로 그분이 필요합니까?
   그분께 겸손히 도움을 청하는 기도를 하시기 바랍니다.

4. 당신은 아직 예수님을 구주로 고백하고 예수님을 주인으로 모시지 않았습니까?
   그렇다면 무엇이 당신의 결단을 막고 있습니까?
   당신의 신앙적 결단을 위해서 지금 어떤 도움이 가장 필요합니까?

# 3
# 성화

> 수고하고 무거운 짐 진 자들아 다 내게로 오라 내가 너희를 쉬게 하리라 나는 마음이 온유하고 겸손하니 나의 멍에를 메고 내게 배우라 그리하면 너희 마음이 쉼을 얻으리니 이는 내 멍에는 쉽고 내 짐은 가벼움이라 하시니라
> (마 11:28-30).

키스 에르난데스(Keith Hernandez)라는 유명한 메이저 리그 야구 선수가 있습니다. 그는 평생 3할대 타자로 수비에서도 탁월한 실력을 인정받았습니다. 그래서 그는 여러 번의 골든 글러브, 홈런왕, 리그 MVP, 월드 시리즈 우승 등 야구 선수로서 매우 성공적인 인생을 살았습니다. 그러나 메이저 리그에서의 엄청난 성취에도 불구하고, 그는 한 가지 중요한 것 때문에 늘 결핍 상태에 있었습니다. 그것은 바로 아버지의 인정과 칭찬이었습니다.

한번은 에르난데스가 자신의 아버지에게 이렇게 물었다고 합니다.
"아버지, 저는 평생 3할대 타자로 선수 생활을 마감했습니다."
"제게 무얼 더 원하십니까?"
이때 에르난데스의 아버지는 이렇게 대답했다고 합니다.

"언젠가 네가 네 자신을 돌아볼 때 너는 이렇게 말하게 될 거야.
'내가 더 잘할 수 있었는데!'(I could have done more!)"

에르난데스의 아버지와 같은 것이 바로 "율법"입니다. 율법은 늘 100퍼센트를 요구합니다. 율법은 늘 우리에게 이렇게 말합니다.
"너는 더 잘할 수 있었어야 했다!(You should be able to have done more!) 그러나 너는 아직 자격 미달이다!"

100퍼센트 율법을 지키지 못하면, 그는 죄인일 수밖에 없습니다. 그런데 인간은 그 누구도 100퍼센트 율법을 지킬 수 없습니다. 그래서 인간은 모두 죄인일 수밖에 없습니다. 그러나 우리의 선한 아버지가 되시는 하나님께서는 결코 우리에게 "조금만 더"라고 말씀하지 않으십니다. 다만 이렇게 말씀하십니다. 마태복음 11장 28절입니다.

수고하고 무거운 짐 진 자들아 다 내게로 오라 내가 너희를 쉬게 하리라 (마 11:28).

예수님께서 말씀하신 "수고하고 무거운 짐진 자"들은 바로 613개나 되는 율법의 멍에와 짐에 억눌려 있던 사람들입니다. 유대교에서는 하나님께서 양팔 저울에 인간의 행위를 저울질하고 계신다고 가르칩니다. 율법을 잘 지키면 천국 쪽으로 저울이 기울고, 율법을 잘 지키지 못하면 지옥 쪽으로 저울이 기울어진다는 것이 유대교의 구원관입니다. 따라서 가난하고 힘없는 사람들은 율법의 짐 때문에 늘 불확실성과 공포 속에서 살아야만 했습니다. 그런데 예수님께서는 바로 이런 힘없고 약한 사람들을 향해 이렇게 말씀하셨습니다.

"율법의 무거운 짐 진 자들아!
구원의 불확실성과 공포에 시달리고 있는 자들아!
다 내게로 오라!
내가 너희에게 참된 안식과 구원을 주겠다!"

예수님께서는 율법의 공로가 아닌 예수 그리스도를 믿는 그 믿음으로만 구원에 이를 수 있음을 가르쳐 주셨습니다. 앞장에서 말씀드린 대로 성도는 오직 "믿음으로 말미암아" "하나님 기준에 합당한 의로움"에 이를 수 있습니다. 우리는 오직 "믿음으로만" 구원을 얻을 수 있습니다. 구원은 선행이나 공로가 아닌 오직 믿음으로만 가능합니다.

만약 예수를 믿는 것만으로는 부족하기 때문에 율법을 준수하는 선행이 반드시 더해져야 의롭다 여김 받고 구원에 이를 수 있다면, 우리를 결코 의롭게 될 수도 구원에 이를 수도 없습니다. 왜냐하면, 우리는 100퍼센트 율법을 지킬 수 없고, 그래서 우리는 다시 죄인이 될 수밖에 없기 때문입니다. 그래서 사도 바울은 갈라디아서 2장 18절에서 이렇게 말했습니다.

> 만일 내가 헐었던 것을 다시 세우면 내가 나를 범법한 자로 만드는 것이라 (갈 2:18).

이 말씀은 뜻은 이렇습니다.
"내가 다시 율법으로 의롭게 되고자 한다면, 나는 도로 죄인이 될 수밖에 없다!"

그런데 율법주의 그리스도인들은 이러한 바울의 가르침에 대해, 다음과 같은 논리로 이의를 제기했습니다.

"만약 바울이 전한 대로 율법의 행위가 아니라 오직 예수 그리스도를 믿는 믿음으로만 구원을 얻는다면, 사람들은 당연히 율법을 지키는 것을 소홀히 여기고 더 많은 죄를 짓게 되지 않겠는가?"

실제로 다음과 같이 생각하는 그리스도인이 상당수 있습니다.
"예수만 믿으면 천당 가는데, 뭐하러 착하게 사냐?
천당은 이미 따놓은 당상인데?"
이것은 "오직 믿음으로 구원을 얻는다"는 "이신칭의" 교리를 오해한 대표적 사례입니다.

선행이나 율법이 아닌 믿음으로만 구원을 얻는 것이 맞다면, 성도의 선한 행실은 불필요한 것일까요?
의롭다 여김을 받은(칭의) 후에 개차반으로 살아도 무조건 천국에 가는 것일까요?

결코 그렇지 않습니다.
기독교가 말하는 "칭의-의롭게 여김을 받는다"는 교리는 "신분의 변화"이지 "본질의 변화"가 아닙니다. 예를 들어, 어떤 돈 많은 성범죄자가 유능한 변호사를 고용해 "무죄" 판결을 받았다고 가정해 보겠습니다(현실에서 빈번히 일어나는 일이기에 굳이 가정법을 쓸 필요는 없겠습니다만). 법정에서 이 성범죄자는 "피고인" 신분이었습니다. 그런데 "무죄" 선언을 받는 순간 이 성범죄자는 더 이상 피고인이 아닙니다.

그러나 판사로부터 무죄 판결을 받았다고 해서 이 성범죄자의 "죄악된 본성"이 무죄 판결과 함께 자동적으로 없어지는 것은 결코 아닙니다. 이 사람은 "성범죄" 무죄 판결 후에도 얼마든지 똑같은 죄를 다시 범할 소지가 다분히 많습니다.

  또 다른 예로, 미국에 사는 많은 교포가 대한민국 국적을 포기하고, 미국 국적을 새로 받아 살고 있습니다. 이전에는 대한민국 국민이었지만, 성조기 앞에서 선서를 하는 순간 미국 시민으로 국적이 변하게 됩니다. 다시 말해서, 신분이 변하게 됩니다. 그러나 한국 시민권을 포기하고 미국 시민권을 새로 받았다고 해서 그날로 당장에 모든 한국 음식을 멀리하고 미국 음식만 먹는 교포는 없습니다. 비록 외적 신분은 바뀌었지만 그 사람의 한국인으로서의 본질은 변하지 않았기 때문입니다.

  마찬가지로 믿음으로 예수 그리스도를 구주로 고백함으로써 하나님으로부터 "칭의-의롭게 여김"을 받았다 하는 것은 "신분의 변화"이지 "본질의 변화"가 아닙니다. 성도는 자신의 선한 행실이 아닌 오직 예수 그리스도를 믿음으로 "의룹다, 거룩하다" 여김을 받게 되었습니다. 죄의 자녀, 지옥으로 갈 수밖에 없는 진노의 자녀에서 의의 자녀, 하나님의 자녀로 천국으로 갈 수 있는 신분으로 변화되었습니다.

  그러나 그렇게 의롭게 여김을 받았다고 해도 인간으로서의 죄된 본성, 죄를 더 사랑하고 하나님의 뜻이 아닌 자신의 뜻대로 살고자 하는 "죄의 관성"은 여전히 남아 있습니다. 따라서 그리스도인의 정확한 신분은 "의로운 죄인", "죄인의 본성을 가진 의인"입니다.

  "의롭다" 여김을 받은 후에라도, 성도는 죽을때까지 "죄인의 본성"

을 가지고 살아갈 수밖에 없습니다. 그리고 우리가 여전히 "죄인의 본성"을 갖고 살고 있음을 알 수 근거는 바로 "율법"입니다. 앞장에서 말씀드린 대로, 율법은 거울과 같습니다. 율법을 통해 우리는 우리의 죄를 깨달을 수 있습니다. 그래서 율법은 여전히 성도들에게 유용합니다. 비록 율법이 "구원을 위한 수단"은 될 수 없지만, 구원 이후의 "거룩한 삶을 위한 수단"은 될 수 있습니다.

마태복음 11장 28절에서, 예수님께서는 말씀하셨습니다.

> 수고하고 무거운 짐 진 자들아 다 내게로 오라 내가 너희를 쉬게 하리라 (마 11:28).

그런데 이 말씀 바로 다음에 예수님께서는 이렇게 말씀하셨습니다. 마태복음 11장 29-30절입니다.

> 나는 마음이 온유하고 겸손하니 나의 멍에를 메고 내게 배우라 그리하면 너희 마음이 쉼을 얻으리니 이는 내 멍에는 쉽고 내 짐은 가벼움이라 하시니라 (마 11:29-30).

예수님께서는 "수고하고 무거운 짐 진 사람들이 예수님께로 가기만 하면 쉼을 얻을 것"이라고 약속하셨습니다. 그러나 예수님께서는 우리가 당신께로 "나아가야" 할 뿐만 아니라, 예수님의 "멍에를 메고" 예수님께로부터 "그 멍에 메는 법을 배울 때"에 비로소 참된 쉼을 누릴 수 있다고 말씀하셨습니다.

수고하고 무거운 짐을 지고 있으면, 그 짐을 덜어 주는 것이 인지상정입니다. 그런데 예수님께서는 "나에게로 오라. 내가 네게 쉼을 주겠다"라고 말씀하시면서, 동시에 "나의 멍에를 메라"고 말씀하셨습니다. 언뜻 보면 앞뒤가 맞지 않는 것처럼 보입니다. 더군다나 "당신의 멍에를 메라"고 말씀하시는 이유는 더 이상합니다. 예수님께서 주시는 멍에는 쉽고 가볍기 때문이라고 하십니다.

"멍에"는 그 자체로 어렵고 무겁습니다.

그런데도 왜 예수님께서는 굳이 당신의 "쉽고 가벼운 멍에를 메라"고 말씀하셨을까요?

예수님께서 말씀하신 당신의 "멍에와 짐"은 다름 아닌 "예수님의 계명"입니다. 따라서 예수님의 "멍에와 짐"을 메는 것은 곧, 예수님의 계명을 지키는 삶을 사는 것입니다. 그리고 예수님의 계명을 지키는 삶을 사는 것은 본질적으로 "내가 내 삶의 주인 되기를 포기하는" 것입니다. S-I-N, 죄의 본질은 바로 "자기 중심성"(I-Centeredness)입니다. 내가 내 삶의 주인이 되고자 하는 것이 바로 죄의 본질입니다. 따라서 예수님의 계명을 지키는 삶은 "자기 중심성"을 포기하고, "하나님께서 주인이 되시는 삶"을 사는 것입니다.

유럽으로 여행을 해 보신 분이라면, "바실레이아"라는 단어를 많이 들어보셨으리라 생각합니다. 이 "바실레이아"라는 단어는 헬라어(그리스어)로 "나라", "왕국", "통치"를 의미합니다. 따라서 Βασιλεία του Θεου(바실레이아 투 테우), 하나님 나라는 곧 하나님의 "통치"입니다.

이러한 성경의 원어적 의미로 보았을 때, 하나님 나라, 천국에 속한 사람은 누구입니까?

바로 "하나님의 통치를 받는 사람"입니다. 하나님의 통치를 받는 사람들 …. 그들이 바로 "하나님 나라의 백성, 천국 백성"입니다.

여러분께서는 천국, 하나님 나라에 속한 "하나님 나라의 백성, 천국 백성"이 맞으십니까?
그렇다면 여러분께서는 오늘도 하나님의 통치를 받으며 살고 계십니까?
만약 두 질문에 대해 "YES"라고 대답하신다면, 그렇게 말씀하실 수 있는 근거는 무엇입니까?
여러분께서는 여러분의 믿음을 어떻게, 또 무엇으로 증명하실 수 있습니까?

야고보서 2장 14, 17절입니다.

> 내 형제들아 만일 사람이 믿음이 있노라하고 행함이 없으면 무슨 유익이 있으리요 그 믿음이 능히 자기를 구원하겠느냐 … 이와 같이 행함이 없는 믿음은 그 자체가 죽은 것이라 (약 2:14, 17).

이 두 구절에 나오는 "행함"은 "칭의-의롭게 여김"을 받기 위한 선행이 결코 아닙니다. 이 구절에서 말씀하는 "행함"은 "칭의-의롭게 여김"을 받은 후, 하나님의 통치를 따르는 "거룩한 삶"입니다. 비록 마음으로 믿고 입으로 시인함으로 예수님을 구주로 영접했지만, 그의 삶이 여전히 "나 중심적"이고 "하나님의 통치를 받는 삶"이 아니라면, 죄송하지만 그 믿음은 가짜입니다. 입으로만 예수님을 주인으로 모신다고 하고 그 고백에 합당한 "삶의 열매, 삶의 변화"가 없다면, 그 믿음은 "죽은 믿음", "가짜 믿음", 구원에 이를 수 없는 "부도 수표 믿음"입니다.

　예를 들어 선남선녀가 결혼을 했습니다. 결혼식에서 두 사람은 서로에게 충실하고 신의를 지키겠다는 "혼인 서약"도 했습니다. 그런데 배우자 중 한 명이 결혼하기 전 만났던 애인과 불륜을 저지른다면, 그 혼인 서약은 가짜입니다. 서류상으로는 "혼인 관계"가 유효할지 몰라도, 실제로는 그들의 혼인 서약은 "죽은 서약"입니다. 마찬가지로 행함이 없는 믿음, 하나님의 계명을 지키지 않는 믿음, 여전히 내가 내 삶의 주인으로 사는 믿음은 가짜요, 죽은 것이요, 구원에 이르게 하지 못하는 믿음입니다.

　선한 행실은 "칭의", 구원의 조건이 될 수 없습니다. 성도는 결코 구원을 얻기 위해 선한 삶을 살지 않습니다. 다만 성도는 **구원을 얻기 위해서가 아니라, 구원을 얻었기 때문에** 거룩한 삶을 살아야 합니다. 이것은 결코 선행에 의한 구원이 아닙니다. "의롭다 여김을 받는" 것은 오직 믿음으로만 가능합니다. 그러나 "의롭다 여김"을 받은 믿음은 말이 아닌 오직 "선한 행실"로만 증명할 수 있습니다

　우리는 오직 우리의 "경건한 삶"으로 우리의 믿음을 증명할 수 있습니다. 더 이상 내가 내 삶의 주인이기를 포기하고 자기 중심성을 벗어나서, 하나님께서 주인이 되시는 삶, 하나님의 통치를 받는 삶, 하나님 나라 백성의 삶을 사는 것으로만 우리는 우리의 믿음을 증명할 수 있습니다.

　어차피 천국 가는데, 왜 굳이 착하게 살아야 합니까?
　오직 믿음으로 구원받는다면 왜 굳이 수고스럽게 거룩한 삶을 살아야 합니까?

이유는 단 하나입니다. 우리는 오로지 우리의 거룩한 삶으로만 우리의 믿음을 증명할 수 있기 때문입니다.

예수님의 짐과 멍에가 쉽고 가벼운 이유는 예수님께서 이미 구원의 선물과 은혜를 우리에게 주셨기 때문입니다. 성도의 선행은 구원을 얻어 내기 위한 "조건"이 아니라, 하나님의 자녀, 하나님 나라 백성으로서의 신분을 보여 주는 "성도의 특권"입니다.

그래서 예수님의 멍에는 쉽고 예수님의 멍에는 가벼울 수 있습니다!
입으로는 "주여, 주여" 하면서도 그의 삶에 거룩한 행실이 없다면, 그 믿음은 "껍데기 믿음"에 불과합니다. 야고보서 2장 22절입니다.

> 네가 보거니와 믿음이 그의 행함과 함께 일하고 행함으로 믿음이 온전하게 되었느니라 (약 2:22).

성경은 또한 "믿음과 행함"이 함께 일한다고 증거합니다. 그래서 "믿음과 행함", "행함과 믿음"은 서로 분리해서 생각할 수 없습니다.

"나는 믿음은 있는데, 행함이 없어!"
혹은 "나는 행함은 있는데, 믿음이 없어!"
이렇게 말할 수 없습니다.
예를 들어, 설명해 보겠습니다.
레스토랑에서 스파게티를 주문하실 때 스파게티 면만 주문하시는 분 계십니까?

　아니면 면을 빼고 스파게티 소스만 달라고 주문하시는 분 계십니까?

　없으실 겁니다. 스파게티 면과 스파게티 소스는 함께 먹어야 합니다. 마찬가지로 "믿음과 행함", "행함과 믿음"도 함께 가야 합니다. "믿음과 행함", "행함과 믿음"은 따로 떼어 생각할 수 없습니다. 스파게티 면이 없거나 혹은 스파게티 소스가 없으면 "스파게티" 음식 자체가 없는 겁니다. 이것은 "뭐는 있고 뭐는 없다"의 문제가 아닙니다. 마찬가지로 믿음이 있다고 하면서도 행함이 없다면, 애당초 믿음이 없었던 것입니다.

　"믿음은 확실히 있는데, 행함은 없다?"

　혹은 "행함은 확실히 있는데, 믿음은 없다?"

　그런 것은 없습니다. 종교개혁자 칼뱅 선생님이 가장 염려한 것은 "오직 믿음으로"라는 교리가 이런 식으로 오해되는 것이었습니다.

　우리는 믿음과 행함이 함께 일하는 성경 속의 좋은 예를 잘 알고 있습니다. 바로 삭개오입니다. 예수님을 영접하고 난 후에 삭개오는 예수님께 이렇게 말했습니다.

　"주여, 내 소유의 절반을 가난한 자들에게 주겠으며 만일 속여 빼앗은 일이 있으면, 네 배로 갚겠습니다!"

　삭개오의 "주여"라는 고백은 "예수님께서 제 삶의 주인이시기 때문에 저는 이제부터 예수님의 뜻에 순종하는 삶을 살겠습니다"라는 결단이자 약속이었습니다.

　"예수님, 제가 예수님을 구주로 영접합니다.

　하지만, 제 삶에는 관여하지 마세요!

저는 제가 살던 대로 살 거에요.
다만 저를 천국에만 보내 주세요!"

삭개오는 이렇게 말하지 않았습니다. 삭개오는 예수님을 구주로 영접하고, 입술로 주님의 주되심을 고백하는 것에서 멈추지 않았습니다. 삭개오는 "자신의 믿음, 자신의 입술의 고백"을 자신의 삶으로 증명해 보였습니다. 마치 동전의 앞-뒷면처럼, 삭개오의 회심 사건에서, 우리는 "입술의 고백"과 "삶으로의 고백"이 동시에 있었음을 볼 수 있습니다. 요컨대 행함만 있고 믿음이 없으면 그것은 "율법주의"입니다. 반대로 행함은 없고 믿음만 있으면 그것은 "미신"입니다.

하나님의 "구원의 은혜"는 분명히 "Duty Free"(면세. Duty에는 의무라는 뜻도 있습니다)입니다. 그러나 구원받은 자로서의 책임은 Duty Free가 아닙니다. 구원을 받기 위해 우리가 해야 할 일은 없습니다. 우리는 우리의 마음을 열어 구원의 선물을 받기만 하면 됩니다.

그러나 구원의 선물을 받았다면 우리는 그것에 합당한 삶을 살아야 합니다. 성도가 거룩한 삶을 살아야 할 이유는 하나님께로부터 이미 "구원의 선물"을 받았기 때문입니다. 자신의 신분이 이미 "새로운 피조물"로 거룩하게 변화되었기 때문입니다.

마크 트웨인의 소설 『왕자와 거지』에 보면, 거지 소년이었던 톰은 졸지에 왕자가 되었습니다. 그래서 톰은 왕실의 생활 방식과 법도를 배우고 익혀야만 했습니다. 톰은 거지였던 자신의 옛 생활을 벗어 버리고 왕자로서의 새로운 생활을 시작해야 했습니다. 거지에서 왕자로 올라가기 위함이 아니었습니다. "이미" 왕자로 신분이 변화되었기 때문이었습니다.

　성도도 마찬가지입니다. "저주와 진노의 자녀" 신분이었던 그리스도인들은 예수 그리스도를 믿는 믿음 때문에 하나님 나라에 속한 "하나님의 자녀"가 되었습니다. 그래서 **성도는 하나님 나라 백성으로서의 신분에 걸맞은 "새롭고 경건한" 삶의 방식과 태도, 가치관과 세계관을 배워야 합니다. 훈련해야 합니다. 그리고 살아 내야 합니다.** 이것이 바로 "복음의 은혜" 안에 속한 성도의 참된 모습입니다.

## 소그룹 나눔을 위한 질문

1. "성화"에 대해 새롭게 알게 되었거나 가장 중요하다고 생각되었던 것은 무엇입니까?

2. 당신은 "오직 믿음으로 구원을 얻는다"는 "이신칭의" 교리를 어떻게 이해하고 있습니까?
   구원을 위해 "선행"은 어떤 의미가 있다고 생각합니까?

3. "예수님의 멍에는 쉽고 가볍다"는 말씀에 대해 어떻게 생각합니까?
   당신이 지금 감당하고 있는 예수님의 멍에는 무엇입니까?

4. 당신은 예수님을 구주로 고백하고 예수님을 주인으로 모셨습니까?
   그렇다면 당신의 삶에는 신앙고백에 상응하는 합당한 "삶의 열매"들이 나타나고 있습니까?

## 4
## 사명

> 그러나 너희는 택하신 족속이요 왕 같은 제사장들이요 거룩한 나라요 그의 소유가 된 백성이니 이는 너희를 어두운 데서 불러 내어 그의 기이한 빛에 들어가게 하신 이의 아름다운 덕을 선포하게 하려 하심이라 (벧전 2:9).

1991년 짐 콜린스라는 저명한 석학이 펴낸 책이 있습니다. 영어 원제는 *Good to Great*으로, 『좋은 기업을 넘어 위대한 기업으로』라는 제목으로 번역되었습니다. 콜린스는 먼저 1,500개의 "좋은 기업"들을 선정하고, 지난 40년 동안 그들의 사업 과정을 연구했습니다. 그리고 마침내 단 11개의 회사를 "위대한 기업"으로 선정했습니다. 1,500개가 넘는 "좋은" 기업들 중에, 단지 11개의 회사들만이 "위대한" 기업으로 선정되었습니다.

어떤 이유로 1,500개의 "좋은 회사"들 중에, 단지 11개만이 "위대한 기업"으로 선정되었을까요?

콜린스가 선별한 11개의 기업들은 모두 "위대한 기업"이 되기로 선택했고 그에 합당한 대가를 치렀다고 합니다. 그래서 짐 콜린스는 이렇게 역설했습니다.

> 위대함은 환경의 산물이 아니라, 의도적 선택과 훈련(conscious choice and discipline)에 의해서 가능하다.

여러분께서는 "Good Christian-좋은 그리스도인"입니까, 아니면

"Great Christian-위대한 그리스도인"입니까?

"참된 예수의 제자"가 되고 또 그렇게 살기 위해 여러분께서는 여러분의 인생에 있어서 어떤 "큰 결단"을 해 오셨습니까?

이 책을 읽는 대부분의 독자들은 "Good Christian-좋은 그리스도인"이라는 평을 듣고 계시리라 생각합니다. 그러나 "좋은 그리스도인"은 "좋은 그리스도인"일 뿐, "위대한 그리스도인"은 아닙니다.

같은 책에서, 짐 콜린스는 "적당히 좋은 것은 위대함의 적"(Good is the Enemy of Great)이라고 말했습니다. 적당히 좋은 그리스도인으로 사는 것이 꼭 나쁘다고는 할 수 없습니다. 그러나 적당히 "좋은 그리스도인"은 하나님을 기쁘시게 할 수는 있겠지만, 결코 하나님을 만족시켜 드릴 수는 없습니다.

It is easy to please God but hard to satisfy God!
(하나님을 기쁘시게 하는 것은 쉽지만, 만족시켜 드리는 것은 어렵다!)

하나님을 기쁘시게 하는 일은 쉽습니다. 우리의 존재 자체가 그분께 기쁨이 되기 때문입니다. 그러나 하나님의 마음을 흡족하게 하는 일은 매우 어렵습니다. 마치 자녀들이 언제나 부모에게 기쁨이 되는 존재이지만, 늘 부모에게 만족을 주는 것은 아닌 것과 같은 이치입니다.

여러분도 위대한 그리스도인들이 되실 수 있습니다. 하나님께서는 여러분 한 분 한 분이 위대한 그리스도인, 위대한 예수의 제자들이 될 수 있기를 간절히 원하고 계십니다.

그런데 위대한 그리스도인, 위대한 예수의 제자는 어떻게 될 수 있을까요?

바로 위대한 그리스도인이 되기로 선택(결단)하고, 그 선택과 결단에 따르는 오랜 시간 동안의 훈련 과정을 기꺼이 감수해야 합니다. 오로지 그렇게 할 때에만 위대한 그리스도인, 위대한 예수의 제자가 될 수 있습니다.

만약 위대한 그리스도인으로 사는 길을 선택하고, 위대한 예수의 제자가 되기로 결단했다면, 그 다음 우리는 무엇을 해야 할까요?

**첫째, 하나님 안에서 "우리가 누구인지"를 깨달아야 합니다.**
베드로전서 2장 9절 상반절입니다.

> 그러나 너희는 택하신 족속이요 왕 같은 제사장들이요 거룩한 나라요 그의 소유가 된 백성이니 (벧전 2:9 상반절).

택하신 족속, 왕 같은 제사장, 거룩한 나라, 하나님의 소유가 된 백성 …. 이것들은 모두 성경이 말씀하는 그리스도인들의 "정체성"입니다. 이렇게 생각하시는 분들이 계실지도 모르겠습니다.

'예수 그리스도를 구주로 영접했지만, 내 안에는 죄의 문제들이 여전히 있습니다. 그래서 나는 택하신 족속, 왕 같은 제사장, 거룩한 나라, 하나님의 소유가 된 백성으로 불릴 만한 아무런 조건과 자격을 가지고 있지 않습니다.'

맞습니다.
그러나 우리가 믿는 "복음의 시작"은 무엇입니까?
로마서 5장 6, 8절입니다.

> 우리가 아직 연약할 때에 기약대로 그리스도께서 경건하지 않은 자를 위하여 죽으셨도다 … 우리가 아직 죄인 되었을 때에 그리스도께서 우리를 위하여 죽으심으로 하나님께서 우리에 대한 자기의 사랑을 확증하셨느니라
>
> (롬 5:6, 8).

그리스도께서는 우리를 위해 죽으셨습니다. 하나님 아버지께서는 당신의 독생자를 십자가의 화목제물로 삼으셨습니다. 그렇게 하심으로서 모든 피조물을 향한 당신의 사랑을 "확증"해 주셨습니다.

그런데 그와 같은 일들은 언제 일어났습니까?
결단코 우리가 강할 때가 아니었습니다. 우리가 경건할 때가 아니었습니다. 우리가 거룩한 삶을 살고 있을 때가 아니었습니다. 우리가 아직 연약하고 죄인 되었을 때에 하나님께서는 우리를 향한 당신의 사랑을 확증해 주셨습니다. 이것이 바로 우리가 믿은 복음의 시작입니다. 하나님의 구원은 "무조건적"으로 우리에게 주어진 전적인 하나님의 은혜입니다.

성경이 말씀하는 성도의 정체성, 즉, "택하신 족속", "왕 같은 제사장", "거룩한 나라", "하나님의 소유가 된 백성"은 바로 예수 그리스도를 통하여 "죄인에서 의인"으로, "어둠의 자녀에서 빛의 자녀"로 우리의 신분이 변화되었기 때문에 가능해졌습니다. 우리는 믿음으로

예수 그리스도를 구주로 영접하는 순간, 새로운 신분, 새로운 정체성을 선물로 받았습니다. 위대한 그리스도인이 되는 가장 중요한 출발점, 그것은 바로 우리의 창조주이신 하나님을 알고, 그분의 진리 안에서 우리가 누구인지를 깨달아 아는 것입니다.

**둘째**, 좋은 그리스도인에서 위대한 그리스도인이 되기 위해서 우리는 전인격으로 "하나님의 궁극적인 목적"을 추구해야 합니다. 위대한 그리스도인이 되는 가장 중요한 출발점은 하나님 안에서 우리가 누구인지를 깨달아 아는 것입니다. 그러나 이것은 "복음의 시작"일입니다. 왜냐하면, 하나님께서 예수 그리스도를 통해 우리들을 "하나님의 택하신 족속, "왕 같은 제사장", 거룩한 나라", "하나님의 소유가 된 백성"으로 부르신 데에는 "이유와 목적"이 있기 때문입니다.

하나님께서 우리를 구원하신 은혜는 말 그대로 은혜이고 공짜입니다. 그러나 하나님께서는 "당신의 가장 큰 목적"을 완성하시기 위해 우리를 구원하셨습니다. 베드로전서 2장 9절을 다시 보겠습니다.

> 그러나 너희는 택하신 족속이요 왕 같은 제사장들이요 거룩한 나라요 그의 소유가 된 백성이니… 이는 너희를 어두운 데서 불러 내어 그의 기이한 빛에 들어가게 하신 이의 아름다운 덕을 선포하게 하려 하심이라 (벧전 2:9).

하나님께서 죄인된 우리를 "의롭다" 여겨 주시고 "하나님의 택하신 족속, 왕 같은 제사장, 거룩한 나라, 하나님의 소유가 된 백성"으로 삼아 주신 이유는 바로 우리를 구원하신 하나님의 선하심과 인자하심을 "찬미하고 선포"하게 하기 위함입니다. 즉 "하나님의 영광"

을 위해 성도는 "하나님의 택하신 족속", "왕 같은 제사장", "거룩한 나라", "하나님의 소유가 된 백성"으로 부름 받았습니다.

창세기는 이렇게 시작합니다.

> 태초의 하나님이 천지를 창조하시니라 (창 1:1).

그런데 여기서 질문이 있습니다. 하나님께서는 왜 천지를 창조하시고, 인간을 창조하셨을까요?

시편 19장 1-2절은 이렇게 증거합니다.

> 하늘이 하나님의 영광을 선포하고 궁창이 그의 손으로 하신 일을 나타내는도다 (시 19:1-2).

또 이사야 43장 21절은 이렇게 증거합니다.

> 이 백성은 내가 나를 위하여 지었나니 나를 찬송하게 하려 함이니라 (사 43:21).

이 구절에서 보게 되는 하나님의 창조의 궁극적인 목적은 무엇입니까?

바로 "하나님의 영광"입니다.

하나님께서는 당신의 영광을 "피조물들을 통해" 나타내기를 원하셨습니다. 마치 달이 태양의 빛을 반사시킴으로써 빛을 발하는 것처럼 하나님께서는 우리 인간들을 통해 당신의 영광을 드러내고자 하셨습니다. 이것이 바로 "하나님의 창조 계획"이었습니다. 그래서 하나님께서는 당신의 "영광스러운 형상"을 따라 인간을 창조하셨습니다. 그리고 가장 완벽한 하나님 나라, 가장 완벽한 하나님의 통치가 이루어지던 에덴 동산에서 모든 피조물과 더불어 교제(Fellowship)하기를 원하셨습니다. 피조물 인간은 "하나님을 영화롭게 함으로써" 자신 또한 영화롭게 될 수 있었습니다.

그러나 인간은 하나님의 이러한 의도를 외면했습니다. 뱀의 유혹에 넘어간 인간은 "하나님과 동등해지기"를 원했습니다. 하나님께만 돌려져야 하는 영광을 자신의 것으로 가로채기를 원했습니다. 그래서 하나님과 인간, 인간과 인간, 인간과 모든 피조 세계는 서로 대립하고 반목하게 되었습니다. 그러나 하나님께서는 여전히 "당신의 피조물들을 통해 당신의 영광을 나타내기" 원하셨습니다. 그래서 하나님께서는 당신의 아들 예수 그리스도를 이 땅에 보내심으로써 하나님과 모든 피조 세계와의 화해를 이루고자 하셨습니다.

에베소서 1장 3-6절입니다.

> 찬송하리로다 하나님 곧 우리 주 예수 그리스도의 아버지께서 그리스도 안에서 하늘에 속한 모든 신령한 복을 우리에게 주시되 곧 창세 전에 그리스도 안에서 우리를 택하사 우리로 사랑 안에서 그 앞에 거룩하고 흠이 없게 하시려고 그 기쁘신 뜻대로 우리를 예정하사 예수 그리스도로 말미암아 자기의 아들들이 되게 하셨으니 이는 그가 사랑하시는 자 안에서 우리에게 거저 주시는 바 그의 은혜의 영광을 찬송하게 하려는 것이라 (엡 1:3-6).

세상이 창조되기 이전부터, 하나님께서는 그리스도 예수 안에서 우리를 택하셨습니다. 그리고 예수 그리스도를 통해 우리를 하나님의 자녀로, 하나님 나라의 백성으로 삼아 주셨습니다. 그러나 이것이 끝이 아니었습니다.

6절을 보면, 하나님께서 예수 그리스도를 통해 우리를 의롭게 여겨 주시고 우리를 구원하신 목적은 바로 "하나님의 은혜와 하나님의 영광을 찬송하게 하기 위함"이었음을 알 수 있습니다.

**하나님의 영광!**
이것이 바로 하나님께서 우리에게 아무런 대가를 요구하지 않으시고 우리에게 구원의 은혜를 주신 하나님의 가장 궁극적인 이유이고 목적입니다.

예수 그리스도의 십자가와 부활을 통해 하나님께서는 온전한 하나님의 통치, 하나님 나라를 회복하길 원하셨습니다. 다시 한 번 모든 피조물을 통해 당신의 영광을 드러낼 수 있기를 원하셨습니다. 그래서 참된 "참된 구원"은 단순히 "천국에 들어가는 보증수표"를 얻는 것이 아닙니다. 구원은 이 땅에서 그럭저럭 잘 살다가 천국에서 영원토록 잘 먹고 잘 살라고 주시는 "값싼 은혜"가 결코 아닙니다.

"참된 구원"은 "하나님과의 관계"를 회복하는 것입니다. "참된 구원"은 내 속사람 안에서, 내 삶 안에서, 나의 모든 삶의 영역에서, "하나님의 온전한 통치가 회복"되는 것입니다. 다른 말로 하면, "하나님 나라와 하나님의 영광"이 나의 전 인격과 나의 모든 삶의 영역들과 그리고 더 나아가서 이 세상의 모든 피조 세계 가운데 "온전히 회복"되는 것입니다. 이것이 바로 성경이 말씀하는 "참된 구원"입니다. 고린도후서 3장 18절은 이렇게 증거합니다.

> 우리 그리스도인에게는 얼굴을 가리는 수건이 없습니다. 그래서 우리는 거울처럼 주님의 영광을 환하게 비출 수 있습니다. 그리고 주님의 영이 우리 속에서 일하시므로 우리는 말할 수 없는 영광 속에서 더욱더 주님을 닮아갑니다 (고후 3:18, 현대어성경).

"거울처럼 주님의 영광을 환하게 비추는 삶", 주님의 영광을 반사하는 삶이 어떻게 가능할까요?

바로 우리의 속 사람 안에서 일하고 계시는 그 성령 하나님께 순복하고 항복할 때 가능합니다. 하나님의 통치를 받는 하나님 나라 백성의 삶, 예수님께서 선포하신 "하나님 나라의 복음"을 살아 냄으로써 성도는 "주님의 영광을 환하게 비추는 삶", 주님의 영광을 반사시키는 삶을 살 수 있습니다.

그래서 기독교의 구원은 "예수 천당, 불신 지옥"으로 축소될 수도 없고, 축소되어서도 안 됩니다. 예수님의 구원 사역의 본질, 하나님의 구원의 섭리는 그보다 훨씬 더 크고 위대하기 때문입니다. 하나님의 구원 사역, 하나님의 선교는 하나님의 영광을 나타내기 위한 하나님의 열심으로부터 비롯되었습니다. 따라서 교회와 성도는 모두 "하나님의 영광을 위한 하나님의 열심"을 품어야 합니다. "하나님의 영광"이 교회와 성도의 궁극적 목적이 되어야 합니다.

그러면 교회와 성도는 무엇을 어떻게 해야 할까요?

"더 많은 헌금을 모아서, 더 많은 선교사를 파송"하는 일도 물론 중요합니다. 그러나 이것이 전부는 아닙니다. 교회는 자신이 속한 지역 사회에서, 성도는 각자의 삶의 현장에서 "선교사의 삶"을 살아 내야 합니다. 왜냐하면, 하나님께서는 각 성도들을 "선교사"로 부르셨고, 또한 세상 구석구석에 "선교사"로 파송하셨기 때문입니다.

따라서 모든 하나님의 백성은 "하나님의 선교사"라는 자의식(정체성)을 갖고 살아야 합니다. "선교사의 영성"을 가지고 "하나님의 통치를 받는 하나님 나라 백성의 삶"을 살아 내야 합니다. 그리고 그렇게 함으로써 거울처럼 "주님의 영광을 환하게 비추는 삶"을 살아 내야 합니다. 왜냐하면, 이것이 바로 하나님께서 우리를 구원하신 목적이기 때문입니다.

"하나님의 영광".

이것이 바로 삼위일체 하나님의 비전이고, 하나님께서 우리를 구원하신 가장 궁극적인 목적입니다. "하나님의 영광"이 교회의 존재 이유가 되고 성도의 삶의 이유가 될 때 이 땅의 교회들은 "위대한 교회"로, 이 땅의 성도들은 "위대한 그리스도인"으로 세워질 수 있습니다.

주 안에서 형제자매 된 동역자 여러분!

교회의 가장 궁극적 목적은 "하나님의 영광"입니다. 왜냐하면, 우리는 모두 하나님의 가장 궁극적인 목적, "하나님의 영광"을 위해 "지음" 받았고, "구원" 받았고, 또한 "보냄" 받았기 때문입니다.

현대 선교의 아버지라 불리는 윌리엄 캐리는 이런 말을 했습니다.

하나님으로부터 위대한 일을 기대하라!(Expect great things from God!)

하나님을 위해 위대한 일을 시도하라!(Attempt great things for God!)

좋은 그리스도인이 되는 것으로 만족하시겠습니까?
아니면 위대한 그리스도인이 되기 위해 헌신하시겠습니까?

여러분께서 정말 회심한(거듭난) 진짜 그리스도인이시라면, 여러분의 "삶의 목적" 또한 회심하고 거듭난 것이어야 합니다.

그러므로, 사랑하는 성도 여러분!

1. Change the Lord of your life!
여러분의 인생의 주인을 바꾸시기 바랍니다!

2. Change the direction of your life!
여러분의 인생의 방향을 바꾸시기 바랍니다!

그리고

3. Change the purpose of your life as God's Glory!
여러분의 삶의 목적을 하나님의 영광으로 바꾸시기 바랍니다.

## 소그룹 나눔을 위한 질문

1. "사명"에 대해 새롭게 알게 되었거나 가장 중요하다고 생각되었던 것은 무엇입니까?

2. 위대한 그리스도인이 되기 위해 당신이 지금 결단해야 할 것은 무엇입니까?

3. 그리스도인의 네 가지 정체성 - 택하신 족속, 왕 같은 제사장, 거룩한 나라, 하나님의 소유가 된 백성 - 중 당신에게 가장 큰 울림이 되는 것은 무엇입니까?
왜 그렇습니까?

4. "삶의 현장을 하나님 나라로" 살아내기 위해 당신은 이제 선교사로서의 정체성과 사명을 어떻게 구현해 내겠습니까?
그 일을 위해 지금 필요한 도움은 무엇입니까?
서로를 위해 기도해 주는 시간을 가지시기 바랍니다.

# 에필로그:
# 내가 알지 못했던 복음

　프롤로그에서 밝힌 대로, 저는 모태 신앙인이었고 오랫동안 신학 공부를 했지만 성경이 말씀하는 복음에 대해 잘 알지 못했었습니다. 그러나 성경이 말하는 "천국-하나님 나라"가 무엇인지를 알게 되고 "하나님 나라 복음"을 이해하게 되면서, 예수님께서 선포하신 "하나님 나라의 복음"이 무엇인지를 알게 되었습니다. 그래서 그 복음 앞에 결단할 수 있었고, 그 복음을 위해 제 삶을 드릴 수 있었습니다. 그리고 바로 이러한 경험들 때문에 "복음은 그런 게 아닙니다"라는 대범한 제목의 책을 기획하고 출판하게 되었습니다.

　"한국 교회는 지금 위기에 처해 있다"고 많은 분이 말씀하고 계십니다. 또한, 그분들 나름대로 한국 교회를 위한 좋은 처방들을 내놓고 계십니다. 그들 모두가 다 일리 있고 합당한 말씀이라 생각합니다. 그러나 제가 믿는 바로는, 한국 교회의 회복을 위해 가장 중요한 것은 바로 "복음에 대한 올바른 이해"입니다. 모든 신학적 입장을 초월해서 가장 중요한 것은 예수님께서 선포하신 복음을 제대로 이해하고 그 복음을 각자의 삶의 현장에서 살아 내는 일입니다.

　저의 이 작은 섬김을 통해 예수님께서 선포하신 복음에 대한 지식이 넓어지고 깊어질 뿐만 아니라, 곳곳의 삶의 현장에서 "하나님 나라의 복음"이 구현되기를 기도합니다.